心理韌性

顛覆起跑點迷思，
教出有耐挫力、熱情與目的感的孩子

陳品皓——著

目次

第1章——心理韌性

第2章——自我覺察

第3章——自我概念與自信

第4章——人際關係

推薦序

用愛打造心理韌性

兒科醫師／親子作家　黃瑽寧

二〇一三年，賓州大學心理學教授安琪拉・達克沃斯（Angela Duckworth），在 TED Talk 一場主題為「成功的要訣」的演說，引起全世界許多家長廣大的迴響。在演講中，她使用一個英文字 grit（恆毅力），代表成功者的成長特質，即所謂：「向著長期的目標，堅持自己的激情，即使歷經失敗，依然能夠堅持不懈的努力下去，這種特質就叫做恆毅力。」

家長們聽完演講，莫不熱血沸騰，「那就來吧！努力打造孩子的恆毅力吧！」結果兒子放學回家，一場災難就此上演，先是逼孩子做數學一百題，然後再背古文古詩一百首，週末挑戰各種才藝技能，就是要砥礪出孩子內心深處的「恆毅力」！這種土法煉鋼的做法，就好像是那種拿到新產品不看說明書，就自己胡亂操作的人，很有可能因此好好的一台機器，或是好好的一個孩子，就這樣被你弄壞了。

父母想要打造孩子的心理韌性，或者想培養出恆毅力，其實是有方法的，但可千萬不能躁進。正如陳品皓老師在《心理韌性》書中開宗明義，人生就像是參與一場馬拉松，我們不追求贏在起跑點，卻是希望孩子能「願意一直跑」，這樣終究才有機會登上高峰。一直願意跑，跌倒了爬起來繼續跑，這就是恆毅力，是成功的要訣。

所有的心理學研究都告訴我們，打造孩子心理韌性的最佳環境，就是擁有一個安全的家，以及願意傾聽、願意溝通的陪伴者。我常在演講時開玩笑，說孩子的安全依附對象不用太貪心，爸爸、媽媽、爺爺或奶奶，只要有一位能扮演好這個角色，孩子就很幸福了。研究發現，在孩子的成長過程中，有一位「無條件包容與接納」的依附對象，就能在關鍵時刻讓大腦平靜下來，進而在失敗中不氣餒，爬起來繼續奮鬥。這不就是我們所期盼，孩子最終能擁有的心理韌性嗎？

我很喜歡陳品皓老師在《心理韌性》中「三對一好」的溝通法則，真是太好用，也太實用了。比如說，當我們跟家人有衝突時，如果能夠絞盡腦汁，努力說出三句同理對方內心的話，讓對方點頭說出三次「對」，就能輕鬆化干戈為玉帛，讓下一句話成為冰釋嫌隙的「好」字。雖然這只是一個簡單的溝通技巧，背後卻代表溝通者本身，已經擁有心理韌性、自我覺察、良好的自我概念、良好的人際關係，以及達成有效溝通等五大能力。而上述這五大能力，就是《心理韌性》的五章標題。

前面我開玩笑的比喻，說用錯方法教養孩子，就像是胡亂操作機器，而《心理韌性》這本書，就像是與孩子對話的說明書。鼓勵大家看完之後，立刻試著應用在孩子身上，肯定能帶出更美好的親子關係！

推薦序

面對人生挑戰所需的能力

諮商心理師／暢銷作家 **陳志恆**

許多人知道，我的專長之一是學習議題的心理輔導（簡稱「學習輔導」），於是常問我，影響一個孩子課業學習表現的關鍵是什麼？我想，你也很想知道答案吧！

我確實花了好幾年的時間，透過大量閱讀，以及實務工作中的觀察，想找到答案。我不否認天分或智商是重要因素之一，然而，對大多數人而言，這種先天能力的差異通常不大。

那麼，另一個可能的因素，便是能否掌握有效的學習方法。於是，一直以來，我在各級學校教授孩子學習策略，甚至也告訴家長或老師，如何陪伴孩子學習，幫助孩子提早建立有效的學習習慣。

然而，我發現即使每個孩子都擁有同樣的學習策略，卻不一定都管用。也就是說，有的孩子願意嘗試，有的不願意，有的甚至直接認定「沒有用」。這樣的現象，在愈高年級的孩子身上愈是明顯。

你會說，這是「學習動機」的問題。那麼，是什麼讓孩子逐漸失去學習動機呢？我認為，「對讀書不感興趣」無法說明這一切，因為課業學習對大多數人而言，都是枯燥乏味的過程。學習動機低落的真正原因，來自於學習過程中的創傷累累，導致逐漸不相信自己能學得會、學得好、獲得好成績。一旦孩子如此認定，就算給他再好的方法或工具，也是意興闌珊。

你可能又會說，在讀書學習的過程中，誰沒挫敗過？誰沒搞砸過？何以有些人遇到失敗就灰心喪志，有的人愈挫愈勇？

我常籠統的告訴提問者，這與孩子本身的心理穩定度有關。心理穩定度的高低，很大程度取決於孩子與主要照顧者之間的互動品質。

在閱讀陳品皓臨床心理師的新作後，我終於可以更精確的說明，我口中所謂的心理穩定度，其實就是「心理韌性」。擁有高度心理韌性的孩子，在面對挑戰時，比較不會退縮；在面對失敗時，也不會從此卻步不前。

品皓在書中一針見血的提到，心理韌性所涉及的，不只是一個人不畏橫逆，或是在困難中能堅持到底而已；還要能從失敗中學習，進而成長與茁壯，更靈活、彈性的發展出面對困境的策略。

我很欣賞這樣的觀點。當孩子面對挑戰時，我們不只是要孩子能忍過去、撐過去，失敗了趕快站起來；除了「用力」之外，還要「用腦」；也就是在困頓中獲得新的洞見，進而拓展更多的可能性。

有幸搶先閱讀《心理韌性》的文稿，我不時想起家裡那兩歲半的女兒。究竟，我為女兒所做的一切，是否能讓她發展出高度的心理韌性？

也許，我沒辦法教她識字、外語、算術、程式設計或寫作——她未來會遇到許多優秀的老師，不用我煩惱。然而，我現在可以做的，是從小陪著她，透過不斷的對話與互動，引導自我覺察、發展多元觀點、肯定與欣賞自我、設立人際界線、給予堅實的信任，幫助她長出面對人生挑戰所需的堅毅性格。我無法陪伴我的女兒一輩子，但我知道「心理韌性」可以。

品皓在書中，將幫助孩子發展心理韌性的教養方法，交代得詳細清晰。所以，在閱讀這本書時，我懇請你放慢速度、細細咀嚼，閱讀到每個章節段落時，停下來反芻一下。因為，這是一本含金量極高的好書，字字句句都切中要害，這乃是品皓豐厚實務經驗、獨到見解的累積與萃取。能受邀為本書做推薦序，誠惶誠恐，也倍感榮幸！

推薦序

孩子，我要你失敗

薩提爾教養暢銷作家　李儀婷

過去的教育告訴孩子，無論面對失敗或成功，都要努力再努力，藉此達到勝不驕，敗不餒。

因此現今的父母，大抵有一樣的成長經驗，就是面對考試挫敗時，父母會嚴厲的告訴我們：「你不夠努力。」偶爾考出不錯的成績時，父母則會說：「一次的成功不算成功，你要繼續努力。」持續表現優異時，父母仍說：「人外有人，天外有天，你不能驕傲，要更努力才行。」

於是我們一輩子都拚命努力，為一個沒有盡頭的目標前進，人生顯得疲憊，一旦失敗了，就更難以承受。一個豐富的生命，不可能只有成功；更多時候，生命是由一連串的失敗組成。我們如何面對失敗，才是生命中重要的課題。

品皓的《心理韌性》，為父母重新建構一個更為健康的心理素養，以更豐富的眼光看待失敗，生命的厚度也將以此展開。

教養孩子的路上，我喜歡孩子失敗更甚於成功。於我而言，失敗才是學習的開始，唯有失敗才能讓孩子學會，如何面對因失敗而來的「傷心」、「懊悔」、「痛苦」，學會接納之後，才能真正與自己同在，也才可能生出勇氣，往更美好的目標邁進，這樣的生命，才有了「韌性」，可以剛強，可以拗折，可以柔軟，可以從失敗中再次提起努力的勇氣。

因此，當我閱讀品皓的《心理韌性》一書，帶給我的是更開闊的生命全貌。當孩子失敗時，我們要求他繼續努力，其中的努力，不該只是單一面向的訴求，而是擁有全面的意涵，「努力」應該包含：接納失敗、重新面對問題、再次鼓起勇氣，這才是生命全貌應有的豐富。

失敗比成功更需要學習，也更能展現生命的厚度。而父母的價值觀，能左右孩子的價值。

暑假我帶著孩子與朋友聚會，年僅五歲的一一與六歲的妞妞，玩起桌上冰球的競賽遊戲。一一出其不備，連進兩球，得到珍貴的兩分，好勝的妞妞要面對的是一一開心的神情，以及自己挫敗的痛苦，妞妞瞬間臉色難看，眼看就要哭了。

妞妞想贏，源自於她的好勝心與社會給予的價值觀，這份想贏的心，遭受失敗，帶來的情緒便是痛苦的。如果父母此刻再用過去的觀點框架孩子，責罵孩子不努力，要求孩子再接再厲，相信孩子只會更難接受失敗，崩潰大哭將是唯一的選擇。此時，父母若能用新的觀點詮釋孩子的失敗，能給他價值，孩子的目光也會更寬廣，面對挫敗也不再只是痛苦的想贏，生命的意義也將因此豐滿起來。

當下，我對妞妞說：「妞妞，輸也是有分數的，因為你要面對的課題比贏還困難，而且需要更多勇氣和努力，所以你現在的分數很高。」瞬間，妞妞愣住了，繼而笑了。這便是父母給予孩子新價值的意義。

《心理韌性》是一本建構豐富生命底蘊的書，將過去傳統的觀點與框架，重新排列組合，建構出既柔軟又剛強的心理素養，非常適合現代父母教養孩子，是一本教養的心理手冊，全面打造孩子的心理韌性，使他能更有創造力的面對世界。

推薦序

給孩子安全而穩定的起跑點

精神科醫師／宇寧身心診所院長　**吳佑佑**

受品皓心理師邀請為他的新書寫序，是我無比的光榮。多年前我們團隊離開工作數十年的教學醫院，一起開立了以兒童青少年為主的身心科診所。雖說我們診所心理師高手如雲，但多半是女性。熱心的友人認為我的診所需要男性心理師來幫手，因此強烈推薦品皓讓我認識。

兒童青少年的精神醫學工作跟成人不同的一點是，多數的孩子是配合家中大人的要求而「被動就醫」，或者就算有困擾，也不一定知道如何尋求幫助。在被動的情境中，要能讓孩子們從不排斥到願意接受規則，進而學習認識、觀察並調整自己的狀態，使自己更能適應環境，平心靜氣的快樂過生活，真的需要具備個人特質及能耐的治療師，才能讓挑剔、不安定、充滿能量的青少年安定下來。

我們與品皓也合作八、九年了，並從認識之初就開始拜讀他的大作，至今他已出了好幾本關於兒童情緒行為心理的親子教養書籍，表達的觀念也愈來愈完整。我來回看了兩遍書稿，真心喜歡本書。

品皓以「起跑點」做為這本書的前言，我非常認同。這個起跑點不是認知或特殊技能，而是一個心理狀態。健康的心理願意嘗試並接受失敗與挫折，而這一切都是建構於安全及良好的自我概念，一個心理起跑點的優勢。這種優勢是從小培養，在安全穩定及支持的親子關係中，協助發展孩子的「心理韌性」。

本書詳細介紹心理韌性的建構、對個人的影響，以及如何在挫敗中學習成長、提升自我覺察的能力，還包括認識自己正面與負面的情緒。

認識自己其實是每個人成長的重要課題，書中也有提及相關的技巧。

至於許多家長關心的「如何協助孩子面對負面情緒、自我價值低落、自信心不足」等問題，書中都有清楚的解釋，並提供家長參考範例，可以練習跟子女討論。孩子是很容易接受暗示的，會深深被大人的態度影響。

第四與第五章強調人際關係與有效溝通的重要性，並以家庭為出發點，提出在協助孩子成長的過程中，照顧者的身心健康也需要被照顧，如此才能建構有效的溝通及雙贏的親子關係。

品皓強調教養與環境對人的影響，主要照顧者可以從多個面向去協助孩子成長。俗話說：「一樣米養百樣人。」我是兩個女兒的媽媽，一直很努力提供一個健康的環境去幫助我的孩子成長，但她們的衝動性、規律性、情緒穩定性、情緒表達的方式、學習興趣及成效都不盡相同。

身為兒童精神科醫生，我想提醒的是，每個人天生氣質的差異，來自於多方面的生理因素、基因大腦的功能，環境雖然可以破壞或協助個人，對我們個性的本質往正向或負向加成，但生理面的因素並非照顧者能完全掌握，而生理症狀也不時挑戰照顧者的價值觀及管教態度。無論如何，我們都該盡力扮演好自己的角色，坦然接受自己的不足，以及無法預測的結果。

自序

在挑戰與挫折中持續進化

我研究所讀的是臨床心理學，要學習許多身心症的心理治療，其中一種身心症叫「社交焦慮症」，患者只要在有人的社交情境，就會大感焦慮，無法專注做自己的事，對工作與生活帶來極大的不便。

當時面對社交焦慮症有一個主流的治療方法，就是讓患者在腦中想像一個會引發焦慮的社交情境，然後治療師就帶著他練習放鬆，透過模擬社交中的互動來適應真實的情況。這個方法的關鍵在於，模擬情境「想像」得愈逼真愈好，但如果想像力不足，就會影響到治療效果。

就在我畢業後沒幾年，VR（虛擬實境）技術開始普及，只要使用穿戴式裝置，立刻就能把任何場景搬到我們面前。如今已經有業者將VR技術用於治療社交焦慮症，幫助患者在虛擬社交情境裡，練習放鬆與互動技巧，虛擬實境又比純想像的方式更接近真實世界，效果值得期待。從「想像」到「虛擬實境」的心理治療模式，不過才短短三、四年，可見世界的變化愈來愈快速。

網路、虛擬實境、無人車，甚至太空旅行，這些我們過去難以想像的事，目前正成為現實。若要從人類目前的發展去推測未來，我們只會有一個結論：

世界將比現在變化更快，未來完全無法預測。

正規教育並非萬能

面對不斷變動的世界，許多家長都認為要增加孩子的競爭力，不過仔細想想，我們對競爭力的定義是什麼呢？或許是態度積極、腳踏實地、不怕困難、樂於接受挑戰，最好還要有理想的文憑或是一技之長，因此「好好學習」似乎是許多不確定中，比較能夠確定的事。

不過，既然世界不斷變動，學校依據過去產業需求所成立的科系，應該很快就會跟未來的就業市場脫鉤。加拿大心理學家菲利普・泰特洛克（Philip E. Tetlock）曾在其著作《專業政治判斷》（*Expert Political Judgement*，暫譯）中說明這種對未來的不可預測性。他找來各領域專家，請他們在自己的專業領域去預期未來事件的發生率，結果這些專家的預測，比黑猩猩用猜的結果還差。也就是說如果連專家都無法預測他們最熟悉領域的未來，那我們當然更是什麼都不知道。

但這種不確定下的不安，很快就成為我們在教養中的集體焦慮，並在無意間轉化成對孩子更多的期待、介入和控制，希望擴充孩子的守備範圍，好面對無法預測的未來之球。

因此，我們寄望於教育體制，期待孩子導向課業學習，培養孩子進入職場的能力。然而，現行體制有利於擅長抽象思考、語文使用、服從溫馴，以及能夠持續專心的人；至於天生藝術能力敏銳、批判性強、體能充沛、肢體協調性一流或善於非文字思考的孩子，則很容易被排除在外。這不是我們樂見的結果。既然教育體制有其局限，我們不妨將重心拉回到親職角色中，思考該如何在家庭幫助孩子學習，培養其終身受用的能力。

典型與非典型工作模式

除了期待孩子好好學習外，未來職場的面貌也是我們需要考慮的一部分。

過去學習的目的是為了獲得謀生的能力。在職場上，我們要做的就是努力，你付出多少時間，就能得到多少回報，不過我們一天的時間都是固定的，因此回報也會遇到極限。不過世界上的工作似乎並不只有這種付出與收入單純一比一的工作，就像是以下的例子：

- **演藝明星的當紅者，收入是其他明星的總和**
- **銷售前幾名的書，總量是當年度其他書的總和**
- **全球最賺錢的公司，利潤超過其他公司的總和**
- **最知名網紅的收入，高於其他小網紅的總和**

像這種少數人拿走大部分人的成果，在統計學有一個專業術語，叫做「冪次分配」（power law），也就是所謂的「八〇／二〇法則」：二十％的人取得八〇％的報酬，說穿了就是贏家吃肉，其他人喝湯。這種八〇／二〇法則的事業通常不是我們過去熟悉的工作類型，也不見得有明確的雇傭關係。大部分的創業者、自媒體（網紅）、作家、歌手大概可以歸類為這種非典型的工作型態。

在非典型的工作型態中，贏家拿走絕大部分的回報，其餘的人瓜分剩下的市場，同時這類工作的不確定性非常大，需要付出極大的成本跟努力，並不保證一定成功，但一旦成功，得到的回報也是典型工作無法想像的巨大。

因此，孩子未來職涯發展，有一部分取決於他從事哪種類型的工作，在典型工作模式中，大致上付出跟回報之間呈現穩定的關係，變動不會太大；若是非典型工作模式，回報可能很高，也可能很低，而不管在典型還是非典型工作中，持續在挫折中努力，都只是態度的基本門檻。

心理素質是生存關鍵

現在，我們把這兩種工作型態放在天秤上秤一秤，你比較喜歡哪一邊？可能不少家長偏好穩定的典型工作型態。如果工作可以一直穩定，那真的很好，不過除了少部分職業（例如公職）的穩定度較高外，大多數「穩定的工作」其實都是我們一廂情願的想像。

事實上，這世界並不真的存在永續經營的公司，台灣中小型企業的平均壽命只有七至十三年。也就是說，現今我們認為穩定的職業，在不久的將來可能會消失，而工作類型的邊界也會跟著模糊，孩子會在典型與非典型工作中來回穿梭，比如可能擁有一個典型工作，同時也在非典型工作中嘗試。

因此，不管從學習還是從職場的角度來說，比較務實的結論是：不管未來職涯如何變動、我們對孩子的期待為何，**重點應該放在培養怎樣的**

心理素質，能讓孩子在變動所帶來的挑戰跟挫折中，可以持續具備進化、自我升級的心態。在挫折中修復、在挑戰中精進、以自我升級為樂趣的心態，在心理學的角度來說，就是「心理韌性」。

「心理韌性」是什麼？乍看字面可能感覺隱約了解，但仔細想想好像又很難用一句話說清楚。不過，這就是本書想要探討的重點，我將從韌性復原的概念、定義、生活相關，以及如何在教養中落實，與你一步步分享。

前言

起跑點的誤區

我記得以前小時候，有一句很經典的廣告台詞，大意是：「千萬不要讓孩子輸在起跑點。」言下之意似乎是暗示我們，孩子的人生就是一場競賽，打從他出生那一刻起，比賽就開始了。如果可以在起跑點前先準備好的話，孩子將來各個方面的學習，就能夠比別人更快達到目標。（有時候我不免懷疑，會說出這句話的人，是不是因為他自己的人生輸在終點線，所以才會期待孩子贏在起跑點。）

近年來，愈來愈多文章對於這種「起跑點」的概念加以批評，認為這會對孩子的學習揠苗助長，我們應該要讓孩子快樂學習，在沒有壓力的環境中成長，才不會被挫折擊倒。

所謂的起跑點

對於「起跑點」的爭論很多，每個論點都有他的理由。不過，如果我們所謂的起跑點，是指一個人所具備的，各式各樣先天或後天環境、特質與資源，可以讓孩子在日後的人生長跑中，擁有堅持的能力，那麼這種起跑點確實是存在的。

只不過，這個起跑點的關鍵，並不在於孩子能在一開始具備多少知識、才藝或技能，而是在於他的心理狀態。也就是說，所謂的「贏在起跑點」，其實要看我們在陪伴孩子成長的過程中，是否為他建立了能夠適應各種挑戰的心理基礎。

心理基礎的起跑點，最重要的意義不在於你跑得多快或跑了多久，而在於你要能夠跑到終點，但很多人都忘記了一個重點，**跑到終點的前提是：你願意跑。**

什麼叫做「願意跑」呢？在人生的長跑上，願意自主跨出每一步，不是為了一個世俗的目標而跑；願意為了自己的興趣，不是被人在後面驅策喝斥而勉強前進；願意為了自己的益處，不是為了達到別人的期待而步履蹣跚。只有源自內在的動機出現時，你才會真正願意邁開步伐，而不是被別人簇擁或鞭策才假裝在跑。

從這樣的角度，再回來看心理的起跑點，我們或許可以這麼認為：一個孩子如果能在心理的起跑點上占有優勢，那麼他在面對生活裡各式各樣的困難和挑戰時，將更有機會可以在挫折中維持成長，往前邁進。

心理起跑點的核心

心理起跑點有幾個核心，例如孩子的內在，是否具備了足夠的安全感？他是否相信，這個世界其實是很安全的？只有相信人與人的關係是安全的，對人能夠給予穩定的信任，在這種條件下，才容易發展出一段良好的人際關係，才有辦法進行一些良好的互動，彼此不會鉤心鬥角、相互猜忌。所以，**「安全感」是一個非常重要的心理起跑點優勢。**

另一個很重要的心理起跑點優勢，就是要看孩子有沒有良好的「自信」。什麼是自信呢？簡單來說，就是我怎麼看待自己，怎麼看我這個人（有關於自我概念的心理學理論很多，但我們僅扣住本書的主題進行簡單的說明。）

在本書中，自信分成兩部分，第一個是有沒有「自我價值」，第二個是有沒有「自我效能」。

自我價值指的是看重自己的程度，判斷「我」這個人有沒有價值；自我效能則是相信自己有能力完成一件事情的程度，例如我要考試，我相信自己能考好的程度；我要上台演講，我相信自己能表現好的程度。

自我價值跟自我效能，共同構成了一個孩子看待自己、看重自己、相信自己的自我核心。

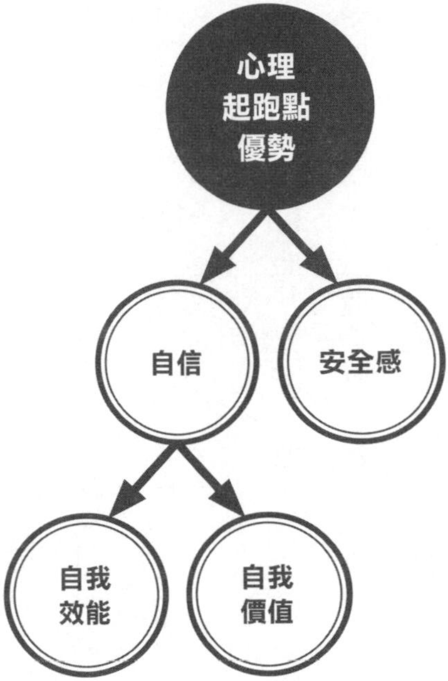

看到這裡，我們知道心理起跑點的優勢有兩個：首先是有沒有安全感，再來就是自信如何。自我概念牽涉到兩個問題，包括我是不是一個有價值的人（自我價值），以及我相信自己能夠把事情做好的程度（自我效能）。

一個安全感高、自信心好的孩子，他就有了一些心理起跑點的優勢。安全感讓他具備了穩定的心理狀態，擁有維持良好人際互動的基礎；自信讓他看重自己，追尋認同，從中增長能力、自我實現；也讓他能面對各種挫折，願意完成挑戰，並且在每一次的挫折中復原、進化。

創造起跑點優勢

當我們了解到，原來孩子可以有這些起跑點優勢的時候，很多爸媽就會問，那要怎麼做才能增進孩子的安全感，增加自信呢？最關鍵的重點，也是建立安全感與自信共同的核心之一，就是孩子對自己情緒的理解和接納能力。你可能會覺得疑惑，什麼叫做「對自己情緒的理解和接納」？然後情緒的理解跟接納，與自信或安全感又有什麼關係？

情緒的理解與接納，就是孩子在面對自己情緒的時候，能不能理解現在的情緒是怎麼樣的狀態；能不能接受自己擁有這樣的情緒是合理的，而不是把情緒當成不好的東西，然後試著擺脫。我們發現，當孩子能夠理解並接納自己各式各樣的情緒時，對自己的狀態會有一個比較良好的整合。

情緒接納的重要性

所以關鍵就在於，當孩子出現任何形式的情緒時，他要能夠理解：

我現在的情緒是什麼？發生了什麼事，讓我有這樣的情緒？這是第一個層

面。第二個層面是情緒本身無所謂的好壞，任何一個出現在身上的情緒都非常重要，每一個情緒都有不同的意義。

比如說，當我開心的時候，是因為這件事情讓我有正向的感覺；當我焦慮的時候，是因為這件事情是我很在乎的；當我難過的時候，代表我心裡對這件事情有一點捨不得的感覺。

不管是難過、生氣、開心、憤怒、焦慮、喜悅，這些情緒對每個人都有心理上的重要意義，可是要做到對自我情緒的理解，最重要的前提是他的情緒能被家人所承認。

可是在我們的文化裡，太容易否定孩子的情緒，而且否定的方法常常會帶來很多傷害。例如當孩子在哭時，我們會說：「不要再哭了！不准哭，男生不能哭！」「哭什麼哭？羞羞臉，再哭叫警察來把你抓走哦！」「我帶你出來玩，你這樣真是丟我的臉。你怎麼可以這樣子？真的很糟糕！」

我們為什麼這麼容易否定孩子的情緒呢？我想這或許跟我們這一代人的成長經驗有關。我們小時候不太被允許向家人表達自己的負向情緒，所以一旦哭鬧或生氣時，大人的反應不是恐嚇就是處罰。於是我們漸漸在心中建立起一道牆，試圖掩埋內心不被大人接受的那些部分。當看到孩子展現負向情緒時，我們對這種情緒是陌生又疏離的。

這種陌生，讓我們慌張無助，那種我們過去不被允許的經驗，重新在孩子身上展現時，彷彿要吞噬我們，於是我們直覺的否定孩子的情緒，某些時候是因為我們慌張，不知道該如何回應它。

否定孩子的情緒，會讓孩子認為「我不應該有這樣的情緒」，這是一種不受重視、非常渺小的感覺，連帶延伸出「我有這樣的感覺是不對的」、「我不值得有這種感受」的不安與低落感。

所以，在面對孩子的情緒時，我們可以怎麼辦？其實，大部分的孩子在情緒當下，是很難說出口的，因為他並不是很了解自己的情緒，也沒有足夠的詞彙表達。所以這個時候，大人如果能在旁邊幫他說出來，孩子就可以透過大人的引導和描述，讓自己的情緒跟經驗有一個良好的整合。這種整合能夠增進孩子對自己的覺察跟接納，也會促進安全感。

在此，我們有一個初步的結論：**心理起跑點的優勢是存在的，包括孩子內在的安全感與良好的自信。**這些優勢能幫助孩子，在面對千變萬化的未來和挑戰時，具備願意跑、跑得久的能耐。在接下來的章節裡，我將會依循心理起跑點優勢統整性的介紹，在家庭中如何透過陪伴與引導，帶孩子一同共好成長。

未來必備的心理素質

不管未來如何變動，不管你對孩子的期待為何，重點在於，孩子應該擁有什麼樣的心理素質，才能在面對變動所帶來的挑戰跟挫折裡，具備持續進化、自主升級的心態？這或許才是我們在教養當中，最值得思考的面向。

關於這個問題的答案，我認為是擁有「嘗試錯誤學習的心理素質」。什麼是嘗試錯誤學習呢？簡單來說，就是九個字：放手做、敢犯錯、有效果。

一、放手做

直接透過行動，建立孩子的學習整合模式。如果只是讓很多知識停留在課本中，那就是脫離現實的，當我們實際動手去解決問題、去體驗、去嘗試、去思考怎麼把事情做好的時候，知識才會跳脫書本，開始與生活產生連結。而放手做背後另外一個重要的心態，就是沒有什麼所謂的「一〇〇%把握」才行動，因為事情的變化是隨機的，永遠不可能被掌控，也就不會有完全的把握。真正要把握的，是自己有沒有具備嘗試錯誤的學習心態。

二、敢犯錯

指的是孩子不會因為害怕犯錯，而逃避嘗試。很多孩子在面對一個不熟悉的情境，或是一項不拿手的作業和挑戰時，往往會先拒絕、不去嘗試，我們對失敗的懲罰，往往也加重了孩子不敢嘗試的心態。因此，如何降低孩子怕犯錯的念頭，如何把這種具有傷害性的羞恥感降到最低，就會是一個很重要的思考方向。

三、有效果

孩子從放手做到敢犯錯的來回之間，會開始從許多經驗中，慢慢建立起有意義的學習。因為去做，所以會犯錯，但也因為不怕犯錯，所以下一次就會換個方法再做，在不斷的嘗試錯誤和學習中，逐漸透過錯誤來修正方法、透過反思去認識自己、透過回饋以建立信心。在這個循環當中，孩子會建立起自己的行動學習整合模式，因為不怕犯錯，又能動手做，這種面對變動依舊能保持進化的心理狀態，將是孩子面對未來任何一個未知挑戰的資產。

整體而言，嘗試錯誤學習的好處在於：敢嘗試，並從中彙整成有用的經驗，這種模式有利於孩子去面對未知的挑戰。可惜的是，我們常習慣處罰孩子犯的錯誤，又不知該如何增加孩子面對挑戰的勇氣，降低孩子嘗試錯誤的意願。

因此，**如何在生活中，透過理論與實務的結合，陪伴孩子一步步建立起嘗試錯誤學習的心理素質，是我們在這本書裡不斷提倡、共同努力的目標。**

第 1 章

心理韌性

心理韌性是一種從逆境中復原，
同時也能適度從挫折中獲益的能力，
足以帶來進化與成長的契機。
家庭一直都是孩子建立韌性基礎的關鍵，
而父母的存在，
對孩子來說就是最好的狀態。

什麼是心理韌性？

「小明又跑出教室了。」

輔導老師掛上電話後，嘆了一口氣，透露出些許的無奈，更多是見怪不怪。

「這星期是第幾次了？」我好奇的問。

「希望是最後一次……」

一邊說話的同時，幾位輔導處的夥伴很有默契的起身，走往四年級的大樓。就在教室不遠前，一個白白淨淨的孩子在樓梯前來回踱步，雙手抱胸，臉色非常難看的嘟著嘴；一位老師相當有經驗的站在孩子旁邊看著他，貌似在說話，但孩子似乎沒什麼回應。

等我們一行人又走近了一些，才聽到孩子不斷喃喃自語：「我要回家，我不要待在這，我要找我媽……」

「現在還在上課中哦。」旁邊的老師提醒著。

「我不管啦，我要找我媽！我不想上課了，我要回家！」

「可是現在還沒放學哦。」老師耐著性子回答。

「我不管啦！快給我手機，我要打電話！我—就—是—要—找—我—媽！」

當下，孩子的情緒幾乎潰堤，聲音已從咕噥變成嘶喊，響徹整層樓。沒有人從教室探出頭，看來同一層樓的老師們，都已經習慣了這個場面。在孩子身邊的老師看到我們，聳了聳肩，一副莫可奈何的表情說：「一樣的原因。」

關於挫折忍受度的迷思

我和輔導老師兩眼對望，大概知道答案。通常如果考試成績不理想，或是班上分組沒人找他，小明很快會情緒飆高，也不管是什麼課，當下就想著要衝出教室回家，不願待在班上。雖然平常導師也相當關心孩子的心情，但類似的挫折或不順發生時，小明也不買帳，起身就要跑。

回到現場，小明還在崩潰中。我和老師們彼此心照不宣，試著慢慢靠近還在嘶吼中的小明，輔導老師靜靜蹲在孩子的旁邊，邊觀察邊安撫。等到小明情緒開始漸漸消退了，輔導老師慢慢的引導孩子走到輔導處。

剛好，下一節課就是我跟孩子的會談時間，看著孩子氣嘟嘟坐在會談室裡，似乎是個大挑戰，而這也是我工作的日常：陪伴每個在壓力下失控的孩子，一起找回他們面對自己、面對生活的能力。

我和學校合作的許多年來，不管是工作中的觀察，還是和老師們的討論、交流，大家普遍有一種感覺，似乎愈來愈多的中小學生，甚至是高中、大學生，對生活中各式各樣的挫折、壓力的忍受度愈來愈低，很容易因為一些不順心或不如意的事，就反應超大。不少家長在心理諮詢時，也不約而同提到這個現象，好像愈年輕世代的孩子，愈看不到他們父母那年代吃苦耐勞的能耐。

家長及老師對「孩子挫折忍受度不佳」的普遍看法，引發了我的好奇。**這是真的嗎？孩子的挫折忍受度愈來愈低嗎？**如果是真的，是什麼原因讓我們的孩子愈來愈難忍受挫折呢？甚至我們在這邊說的挫折忍受度，究竟是什麼意思？這有辦法培養嗎？

在我們繼續往下之前，同樣的問題，也想問問正在閱讀此書的你。我想邀請你，利用三十秒鐘的時間，在空白處試著用筆寫下（或是在腦海中思考）答案：

你認為什麼是「挫折忍受度」呢？

我認為挫折忍受度就是：＿＿＿＿＿＿＿＿＿＿。

關於這個問題，我曾經詢問許多家長與老師，他們覺得什麼是挫折忍受度。大多數人對於挫折忍受度的期待是：能夠愈挫愈勇、不怕挑戰、很堅強、不輕易放棄、不因為遇到一點困難就哭哭啼啼或試圖逃避、不會被失敗打倒等。大部分的答案，似乎都是希望孩子在面對逆境（學習、人際關係、挑戰挫折、失敗等）時，能夠很堅韌、不放棄，就算失敗了，也要很快站起來。

挫折忍受不只是堅強

對我來說，以上這些對於挫折忍受度的解釋說法，既能算對，也算不對。對的部分在於，這些「堅強」、「韌性」、「勇敢」，的確是挫折忍受度的一個面向，卻不是全部，當我們用「挫折忍受度」來描述的時候，就會不自覺太強調面對挫折時的耐受性與堅固性，彷彿只要夠強韌，禁得起挫折的摧殘跟折磨，就能抵擋大部分的挑戰。

這種看法的問題在於，它忽略了一件很重要的事情：**挫折是個持續變化的動態過程，「忍受」只是整個過程中開頭的一小段，只強調對挫折的忍受，會讓我們忽略其他更重要的心理益處。**

就好像吃飯這件事，其實是整個消化系統都在參與運作的，你從咀嚼開始，到胃部分泌胃酸、大小腸吸收養分跟水分，最後把不要的部分排出體外。通常消化系統愈好，就愈能從食物中得到養分；可是如果腸胃健康出了狀況，雖仍能將食物吃下肚，但也無法好好吸收並得到好處。忍受挫折的道理就像吃東西的開始，你不是只有吃，還要能夠消化食物，產生養分，這才是重頭戲；對照到挫折這件事情，也是一樣的道理，我們不是只有忍受挫折，我們應該還有消化、吸收養分、排除的過程。

因此，一般所說的「挫折忍受度」，可能無法完整傳達這整個心理活動的過程，或許我們可以用近代心理學家比較接受的說法：「心理韌性」（resilience），亦稱「復原力」。

當我們說一個人具備心理韌性或復原力時，並不是指他都不會難過，也不是說他一直很堅強。很多大人容易誤會心理韌性或復原力的意思，以為就是要「堅強」、「勇敢」，任何跟堅強或勇敢的相反狀態，都會被放大成懦弱的表現，所以很多人往往認為：堅強的人不能哭、勇敢的人不能怕、堅毅的人不能想放棄等。這些看法都是對心理韌性的誤解。

心理韌性不僅是從逆境中復原，真正更重要的是，他具備了一種心理素質，能幫助他從適度的傷害、錯誤、挑戰、壓力或挫折中「獲益」。也就是說，心理韌性不僅能讓一個人在逆境中復原，同時也在這些經歷中帶來進化與成長的契機。

應對未來的關鍵素養

在未來的世代，科技發展將超乎我們的想像，不斷以更快的速度改變我們的生活面貌。就像過去農業社會，每經過一百年，世界可能才小小變動一次；現在幾乎每幾年就因為科技的新發展，顛覆我們還來不及習慣的步調。不妨想想，我們才肯定電腦為人類帶來更多的便捷，沒多久網路、手機、社群媒體就相繼問世，一次又一次為生活帶來衝擊：電腦從DOS作業系統改成Windows介面；通訊工具從BB. Call換成手機，接著智慧型手機進入了我們的生活；傳統的電視節目，正逐漸被網路自媒體取代。

事實上，每次科技帶來生活型態的改變，背後是更多傳統工作的消失跟新職務的出現，而這一切只是這十幾年間，發生在你我周遭的事情。我的第一代手機，如今還安靜躺在儲藏室的箱子裡。悲哀的是，它再也沒有派上用場的機會，就像我們過去熟悉但已消失無蹤的工作一樣。

想到這裡，或許我們可以確定的是，在面對壓力或挫折時，若缺乏可以消化這些挑戰與情緒的能力，一旦被失敗或挫折帶來大量的情緒淹沒後，可能會讓我們失去比想像中更多的機會：失去從挑戰中學習的機會、失去從困頓中建立自信的機會、失去從挫折中自我探索的機會……這些失去的總和，使我們逐步讓出掌控人生的權力。

具備心理韌性，能幫助我們一步步從無法預測的未知當中，面對、接納、消化、站穩、進化。**令人高興的是，愈來愈多研究不斷證明，這是一種可以後天培養的能力。**

家庭與大腦對心理韌性的影響

人的教育是在出生時就開始了。
在他還不會說話和聽別人說話以前，就已經受到教育了。
——盧梭《愛彌兒》

家庭與心理韌性

近幾年，除了治療所的工作外，我也和幾個縣市教育局的學生輔導諮商中心合作，每個月和許多學校的專輔教師、駐校專業人員碰面，一同檢視他們手邊正在輔導的孩子，並討論協助的方法。

孩子的問題琳瑯滿目：中輟、拒學、霸凌、情緒困擾、人際關係、未成年性行為、違法事件等，凡是學校認為很難處理的棘手個案，最後都會轉到我們輔導團隊手中。幾年下來，我們檢視過的輔導個案，幾乎包含你能想像的所有問題類型，而在這些孩子中，我們看到一個相當普遍而明顯的共通點。

雖然每個孩子的問題都不一樣，不過我們不會只看他們在校的問題行為，因為那往往是最末端的結果。我們團隊非常嚴謹、仔細，把能收集到的所有資訊都攤開俯瞰，出生、成長、家庭成員、結構、功能、教養品質等因素全部羅列在內，然後彙集在一起，從裡面找出問題可能的癥結點，再來討論輔導策略。

這有點像偵探辦案的感覺，把所有資料整合在一起，找出其中的蛛絲馬跡，思索偵查的方向。我們在這種模式下看到的，不再只是個案表面的行為問題，而是問題背後的問題，孩子與家庭彼此長年互動的影響下，如何演變成今天的結果。當我經驗愈多，見過愈多案例，我和許多資深督導、輔導人員的看法愈不謀而合：**大部分孩子的問題，可說是家庭狀態的延伸，我稱之為「心理素質的世代移轉」**。

如果你聽過社會「階級複製」這概念，大概可以知道社會每一個不同的階級，會因為資源的差異，讓下一代的發展受到直接或間接的影響。因此，家長與孩子在社會的階級流動中，往往會有重複的輪迴。這種階級複製的現象，在心理層面也有類似的狀況，也就是家庭互動塑造了孩子各自的樣貌，我稱之為「心理素質的世代移轉」。簡言之，家中大人的心理狀態，包含個人議題、婚姻跟親子關係品質等，透過互動的方式，對孩子心理發展帶來影響。

這種影響是全面而深遠的——不論是好是壞，家庭就是世代移轉的基本單位。舉例來說，一個沒有責任感的爸爸，和一個對關係沒有安全感的媽媽共同組成一個小家庭，爸爸總是逃避責任、不分擔家計，而媽媽對這種態度相當不安與憤怒，於是夫妻常常衝突與爭執，這間接影響了他們跟孩子的互動。孩子可能敏銳接收到媽媽心裡的焦慮與委屈，但發現自己對這些大人之間的事情使不上力，於是感到很無力和挫折，慢慢對家庭的想像產生某種排斥或抗拒的感受。同時，孩子也可能受到爸爸的影響，缺乏學習負責任、承擔的機會，反正爸爸不做的事，媽媽都會接手，然後這些感受、態度與價值觀，慢慢成為他人格的一部分，在孩子自己沒有覺察的狀態下，影響他日後的生活。

上述只是一個太過簡化的例子，事實上，我們經手的輔導個案，家裡的狀況往往更加複雜；有時家庭問題不是只存在於兩代之間，還可能是老、中、青三代群魔亂舞。因此，臨床經驗及研究結果都明確指出，孩子的身心狀態深受家庭的影響，而這些影響，最終都會展現在大腦的功能上。

近十年來由於科技進步，我們透過新型的儀器，比以往更能看到孩子大腦如何受到家庭教養的影響。目前有大量研究指出，許多不當的管教方式，例如體罰、蔑視、羞辱、忽略，甚至是父母之間的爭執，不只會影響孩子的情緒，長期下來還會影響大腦的結構與發展，損害了腦袋的功能和品質，不僅無法培養出心理韌性的能力，日後還會引發心理疾病。相對的，家庭適當的管教和品質良好的關係，也能為大腦帶來豐富的營養，奠定心理發展的基礎。

大腦與心理韌性

近年來，不少學者想更細緻探究心理韌性。他們想知道：究竟這樣的復原力是大腦哪個地方在負責？如果我們能找出大腦中與復原力有關的地方，對於心理韌性的了解跟認識，將會有更進一步的幫助，甚至可以找出更多幫助大腦發展復原力的方法。事實上，的確有學者針對這問題做了研究，並發現我們大腦似乎有個區域跟復原力有關。

美國伊利諾大學的學者透過一系列心理測驗、核磁造影技術，研究受試者在情緒控管、焦慮、人格特質的表現，跟大腦有沒有什麼關聯，結果真的發現與復原力有關的幾個指標，牽涉到大腦中一個很重要的區域：前額葉（prefrontal cortex），這區域的體積大小，與復原力呈現了正向的關係。其實早在這項研究之前，過去學界就已發現前額葉中幾個區域，跟情緒的整合與調控有關。

我們大腦的前額葉在哪裡呢？你不妨可以張開手，像是量體溫那樣將掌心貼在額頭上，所貼住的部位（額頭）後方的區域就是額葉。這是非常重要的一個區域，就是因為這一層薄薄、不起眼的組織，讓人類跟地球上其他物種擁有截然不同的命運。

前額葉是相當重要的角色，就像一家公司的執行長，負責訂定公司的營運方針、管理各部門的運作、執行總公司的營運計畫，以及組織相關的資源，其經營能力在很大程度上，決定了公司的營運效能。

現在我們已經明白，大腦前額葉和情緒調控與整合有關，又與復原力高度相關，而大腦發展的關鍵期，受到家庭環境的影響非常大；因此，**家庭實在是孩子們奠定心理韌性基礎的重要培訓場。**

可是，這又回到了一開始的疑惑，為什麼愈來愈多的家長和老師認為，孩子心理韌性的表現跟水準，似乎一代不如一代？到底是哪些原因，造成了不同世代之間的差異呢？難道真的完全是家庭教育的原因嗎？我們或許可以一起來思考這個問題。

心理韌性去哪了？

這是一個最好的時代，這是一個最壞的時代；
這是智慧的年代，這是愚蠢的年代；
這是信仰的時期，這是懷疑的時期。
——狄更斯《雙城記》

公園中，一個孩子在溜滑梯上正興高采烈玩著；公園一隅，爸爸媽媽坐在長椅上，目不轉睛看著孩子跑上跑下，偶爾滑滑手機，視線多半仍落在孩子身上。

孩子大概是跑累了，越過溜滑梯跑到旁邊的草叢，突然好像被什麼東西吸引住了，蹲下來專注的觀察一會，伸手就要往草裡探。

「大米，不要碰那個，髒髒！」一旁的父親見狀，馬上出聲阻止，並且站起身來往孩子走去，將他抱回溜滑梯旁，告訴他：「在這邊玩，那邊髒髒，會生病，看醫生打針很痛哦！來，現在上去，走這個樓梯上去，去滑下來。」

孩子牽著爸爸的手，愣愣的順著樓梯走上去，不時回頭瞧剛剛的草叢。沒過多久，他馬上又開心的玩起溜滑梯。

公園的另一角，一個和夥伴嬉戲的孩子，邊笑邊在草地上追著朋友跑，一個不小心絆到石頭，重心不穩往前跌了一跤，摔到草地上。孩子似乎被嚇了一跳，慢慢坐起身來，看看自己的手腳，正要爬起來時，一旁的外婆已經跑了過來，急忙喊著：「哎唷，小薇！有沒有怎麼樣？不哭不哭。來，阿嬤看有沒有怎麼樣？這個石頭真壞，怎麼可以在這邊絆倒人呢？我們把它丟掉，真是可惡！」

外婆看孩子沒什麼大礙，接著說：「走路怎麼不看路呢？以後要注意一點，不要在草地上跟人家跑來跑去，在公園就好好用走的，跑來跑去多危險呀！你要是跌倒受傷的話，住院會花很多錢耶！」外婆面露不捨的看著孩子的傷口，語帶心疼的告誡著。

難以發展心理韌性的焦慮年代

我爸媽的那個年代，他們從小不是在田裡長大，就是在溪邊長大，吃喝都靠著農耕漁獵的收入；到了我們這世代，大家成了鑰匙兒童，雙親在外上班，放學回家只剩電視機跟漫畫書的陪伴，不然就是三五好友約在住家附近閒晃；現在我們成了父母，孩子在安親班、補習班之間穿梭，回家之後打開平板，連上網路的世界。從農業社會到現代社會，前後不過三代。

在農業社會，一年的大事就是下田、家務及節慶，生活大部分是由自己掌控，注意力只需要放在眼前的事，未來的輪廓在大家的想像中，就跟過去一樣變化不大，所以人們關注的焦點常圍繞天氣、收成、鄰里、八卦，不是與人有關，就是與自然有關，注意力頻寬不大，因為世界差不多是那個樣子，家園、鄰里構成了人們一輩子的世界，在看天吃飯的世道裡，等待，是一種生活態度與處世哲學。

網路時代來臨後，進步為舊有秩序帶來許多的變動，每件事物的保鮮期愈來愈短，從影藝、流行、科技、資訊到任何社會議題，短到還來不及進入我們的熟悉區，隨即被新的訊息淹沒，一切就是快。**快速的生活步調和小家庭結構，讓父母直接站上教養的第一線，沒有人可以幫忙分攤，注意力也更容易放在孩子身上。我們被時間追著跑，壓縮了等待的心理空間。**

由於等待的空間變小，擔心也就隨之而來，愈關注孩子，就愈容易放大焦慮，然後不自覺主動出手解決孩子的問題，因為我們已不再習慣等待：不習慣看著孩子不知所措，也不習慣看著孩子半推半就、舉棋不定、崩潰低落。除了焦慮之外，等待也成為一種奢侈，如今等待孩子的時間，都可以環遊世界兩圈，因此能夠馬上搞定的事就不要拖，面對孩子的教養也是一樣。

過去擁有時間與思想上的餘裕與愜意，現在卻容不下任何精神上的放空。在水泥叢林中長大的一代，已經習慣快速的節奏，這種多工的生活步調，讓我們的時間寬裕度減少，連帶對事情的容忍度也跟著降低，難以發展出從挫折中成長的心理韌性。成為大人之後，人生乍看豐富的經驗，讓我們變成自以為能預測後果的先知。

面對孩子各種脫離經驗法則的行為，父母感覺這只是白費心力，毫無意義，因為行為都應該要有目的、效率，這是我們做事的標準。犯錯是我們避之不及的汙點，因此看到孩子凡事溫吞、沒有章法、猶豫好奇、不懂風險、任意嘗試的模樣，心底混雜著不耐的焦慮立刻接手，直接介入指導或處理，避免不必要的麻煩或危害。

我們提供一個美好而周到的溫室，只要孩子乖乖聽話待在裡面，什麼條件都好談。至於溫室外的世界，那暫且不是我們關注的焦點，彷彿孩子長大之後，就會突然找到解決跟面對的方法，自動具備生活所需的心理韌性。

網路普及是另一種推波助瀾，過多的資訊，反而帶來更多的不確定性。**我們被大量充斥的資訊所支配，缺乏檢視訊息的自主能力，選擇障礙成了當代父母共享的焦慮。**

我們追著網路或媒體上的教養專家、親職大神，努力學習各式各樣的教養新知，深怕自己的做法和專家的建議不一樣，一不小心就對孩子做出有違專業的行為，帶來負面的影響。（咦？這不是本書也在做的事情嗎？）

不只一位家長向我提起，他們戰戰兢兢依據專家的教養建議，卻常因為沒做到而自責不已，深陷在衝突與懊悔的矛盾之間。每位父母心中最深層的恐懼，是擔心自己做得不夠好，於是不斷懷疑：「我這樣做對嗎？我真的是好父母嗎？」

父母要先當「夠好的自己」

許多父母常會不自覺檢視自己，在照顧孩子上是否有做到最好？由於孩子出世時脆弱、無瑕的質地，那樣與世俗無擾的潔淨，讓父母無形中想為了孩子維持堅強而全能的想像。這種想法成為許多父母評判自己的標準，因而輕易落入自我責備的輪迴裡，在大量教養資訊的推波助瀾下，「新知」、「科學研究」、「專家建議」的知識堆疊出「好父母」的高度專業標準：不只要做孩子的父母，還要與時俱進，做一個新時代的好父母。

事實上，你的存在本身對孩子就是夠好的狀態。

「夠好的母親」一詞，出自英國精神分析大師溫尼考特（Winnicott）。對孩子的發展來說，家庭首要的任務，就是建立孩子心理的安全堡壘，當孩子內在有足夠的安全感時，才有能力與資源，和外在的世界進行良好的連結。因此，父母在面對孩子的狀態時，若能試著接納他的情緒，對孩子來說就夠好了。

當孩子的情緒能被父母接住與消化時，他會覺得自己是有價值的，是被重視與接納的，這種心理上的安全感，在親子互動的一來一往間，就一磚一瓦建立起安全堡壘。同時，若我們能接納自己的焦慮，理解到這是身為父母必然的承擔，心中就能挪出一些等待的空間與餘裕。雖然在等待的過程中，仍不免會焦灼、徬徨、充滿懷疑，但也正是在等待的過程中，孩子才有更多機會去探索、嘗試，在這些經驗整合中發展健全的心理，孵化出自身的天賦與能力。

自我中心與挫折

「自我中心」或稱為「本位主義」，是不少家長和老師對這世代孩子的評語，但什麼是「自我中心」呢？

有一個網路上的笑話很能說明自我中心的例子：

有一隻小白兔去溪邊釣魚，結果一整天都沒釣到半隻魚。

第二天小白兔再去溪邊釣魚，結果一整天還是沒釣到半隻魚。

第三天小白兔不死心，又去同一個溪邊釣魚。

當牠正要把魚鉤丟進水裡時，一條大魚跳出水面，生氣的對牠怒吼：「白目啊你！你要是敢再給我用紅蘿蔔釣魚，我就開扁囉！」

自我中心的人，就類似小白兔的角色。

簡單來說，我們做任何事情，都會優先以「我」的需求、「我」的感受、「我」的判斷出發，差別在於，過度「自我中心」的人在考量事情時，比較少去顧慮別人的角度或需求，他會用自己認為對的方式做事，當別人指責或反對時，他還可能很難抓到別人的點在哪。也就是說，自我中心的人隱含著一個內心的主從關係，在他的世界中，他是主人，其他都是次要的，「我」的一切是判斷事情的優先標準，如果不是按照這個邏輯，那我就會感到一種違逆的不舒服。這整個心理的過程都是一個封閉的內在系統，所以有時候和外在的環境缺乏一種調和感。

所以自我中心的人，他在人際互動的表現會讓人有一種「他比較顧自己」的感覺。但有時候他並不是故意這麼做的，他就是很自然的「自我中心」了。

為什麼會這麼的自我中心呢？相關的探究很多，但目前沒有一個說法能夠完全解釋。像是世代文化間精神的移轉，強調自我權益的社會氛圍、保障個體權益的政策精神、威權文化的式微等，這些都讓新世代的孩子「自我中心」的比重愈來愈高。

網路的普及或許也是原因之一。透過網路，訊息多元又容易取得，孩子們的自主性大大增加，我們隨著喜好篩選偶像，風格鮮明、個人特質出眾的網紅或影片特別容易吸引目光。成為一個獨特的自己，是如此令人嚮往，對於急切想要追尋認同的孩子來說，網路帶來多元選擇的機會，但也建立起更堅厚的同溫層。

然而，自我中心並不是自我了解，自我中心是一個優先顧及自己的需求、感受、判斷的內在封閉系統。我們就用剛剛釣魚的小白兔為例，一旦這個自我中心的封閉系統（小白兔）遇到外在的阻礙或挫折時（一直釣不到魚），這對「我」的反撲也愈大。因為這個系統是封閉的，所以他很難馬上轉換角度，從別人的觀點思考（為什麼釣魚不能用紅蘿蔔），這樣就很難找到更多客觀的資訊來解釋原因（因為魚並不吃紅蘿萄），然後陷入自己的情緒漩渦裡。處在這樣的封閉系統中，挫折是找不到出口的。

所以，關鍵在於這個封閉的系統需要被打開。當我們缺乏對自己內在的探索、對自己跟環境之間的覺察、對自己情緒的理解、對別人觀點的體察時，就會只把焦點放在「我」這個空泛的概念上，然後失去外界的聯繫，愈來愈封閉。當我們試著去體察自己的感受、想法、關係時，這個封閉的系統就會漸漸對外開啟。

現在我們可以理解，心理韌性是一種從逆境中復原，同時也能適度從挫折中「獲益」的能力。而家庭一直都是孩子建立韌性基礎的關鍵，父母的存在本身，對孩子來說就是最好的狀態。剩下的部分，就有賴我們肩並肩和孩子一同攜手成長，在親子關係的教養中，開啟一段認識自己、接納自己並在自我的悅納當中，體現愛的旅程。

對於生活中變動多於穩定、未知屬於日常的新世代而言，若能具備心理韌性的素質，將有助於孩子站穩自己的腳步，看清楚方向，堅定往前邁進。然後爸爸媽媽在親子教養中，最不缺的就是挑戰，孩子隨時會碰到各式各樣你無法預料的意外，搞得我們焦頭爛額、心神渙散、懷疑人生。這時既要兼顧生活，又想強韌孩子的心靈，又該怎麼辦呢？而面對自我中心的世代，如何打開這個自我封閉的系統，開始探索自己與內在、自己與環境的關係呢？

帶著這些疑惑與好奇，不妨就讓我們在接下來的章節中，和您一起展開這段相互支持、共同學習的輕旅程吧！首先，我們就先從探索自我與環境這個主題開始。

第 2 章

自我覺察

自我覺察是一種認識、審視

並調節自我與環境關係的心理能力，

不僅包含對自我的體察，

也包含對環境的敏銳。

透過覺察，除了能看見自己的內在狀態、思緒表現，

也能調節自己與環境之間的差距。

什麼是自我覺察？

知己知彼，百戰不殆；
不知彼而知己，一勝一負；
不知彼，不知己，每戰必敗。
——孫子《孫子兵法．謀攻篇》

大多數人每天出門前都會邊照鏡子邊整理儀容。如果沒有鏡子，我們就不知道自己現在看起來怎麼樣，也就無法確定打扮合不合宜。鏡子讓我們看到自己的狀態，然後調整自己的狀態，能夠符合環境的期待。

雖然鏡子這麼不起眼，但我們生活實在是少不了它。沒有鏡子，我們幾乎就不敢出門了，因為我們看不到自己的樣子，就無法確定別人怎麼看自己，想想這真是一件恐怖的事情。雖然現在我們只要用手機的照相功能也可以做到，但事實上不管鏡子還是手機，重點是讓我們有檢視自己的方法。

第一章提到，心理韌性的特點之一，就是具備能消化內在情緒的心理能力。但是在消化情緒之前，我們總是要先理解自己有哪些情緒吧？這種對自己的理解跟探索，就需要一個類似鏡子的東西，幫我們照見自己的內在，以便觀察內心的狀態跟樣貌。這種心理的鏡子，用心理學的話來說，就是「自我覺察」。**自我覺察在消化內在情緒的過程中，扮演了一個很重要的角色。**

自我覺察的定義

自我覺察是一種觀察「自己」的心理能力，具有幾種不同的層次，從對自己的了解（行為模式、動機、個性等），到了解自己在環境中的處境，並且調和行為跟期望之間的差距。

舉例來說，假設某一天，當你準備向老闆回報業務之前，突然覺得自己有些緊張，心情好像有點躁動，腦袋突然一片空白，心跳快到彷彿能聽到自己心臟的跳動聲。你問自己發生了什麼事情，猜想自己之所以焦慮，可能是因為太過在乎，怕自己表現不好，於是你走進洗手間洗把臉，做了個深呼吸，之後走進老闆的辦公室。

在跟老闆說話的時候，你的注意力有一部分會放在和老闆的對話上，聽他在說什麼，另一部分又好像在觀察自己：自己的表現是否適當，例如談吐、眼神、表情、說話內容等。甚至你還會注意自己在什麼場合，試圖控制音量，不讓自己顯得太激動而大聲說話。

這整個從準備到對話的過程，都有自我覺察的介入，幫助你看見自己的內在狀態、思緒表現，以及調節與環境之間的差距，而這一切過程都相當快速自動，似乎不太耗費心力就能做到，這就是自我覺察運作下的結果。**簡單來說，「自我覺察」就是一種認識、審視並調節自我與環境關係的心理能力，不僅包含對自我的體察，也包含對環境的敏銳。**

自我覺察重要嗎？

幾年來我在臨床實務工作中，發現自我覺察是非常、非常重要的心理能力，對人際關係、自我管理、情緒調節等部分都很重要。為什麼這麼說呢？就像是前面我們舉例的鏡子，我們透過鏡子看到自己，才可以整理儀容；自我覺察也是一樣，透過觀察自己，我們理解自己的思緒、想法及行動之間的關聯與邏輯，以及背後的原因與動機。**透過自我覺察，我們可以貼近自己的情緒，觀察情緒的脈動，展開對自己的理解跟療癒。**

有時候，一旦缺乏這種覺察，往往會讓人覺得自己像是包覆在絕緣體中，言行舉止中有一種隱形的單向空氣牆，別人的回饋進不去，自己的情緒又不斷丟出來。

也許你有過類似的經驗，生活中有些同事或朋友，你們的互動總有感覺不太舒服的時刻，比如說他常常給人一種互動起來很空洞的感覺，或是遇到挫折或不如意時，就會一股腦的怪罪別人，彷彿所有事情都是別人的錯；會找一堆理由推託搪塞，但就是不能接受自己有任何責任。你可能覺得他們有病，但為什麼會如此呢？原因通常很複雜，難以一概而論。

有些人是因為不太理解自己的內在狀態，可能本身沒有自我覺察的習慣；有些人可能是因為曾遭逢生命中劇烈的傷痕，因此盡力逃避內在未平復的情緒，這種逃避久了形成一種心理上的漠然，不再與自己的內在對話，也封閉了向內探索的通道，然後在生活中慢慢展現出我們所看到的樣貌——把自己包裹在一層層的保護傘裡面。

事實上，不管是什麼原因，缺乏自我覺察的人，不只與外人有種陌生的疏離感，和自己之間也存在著距離感。

我們透過自我覺察，開啟和自己的對話與理解，並且調和自己與外在的關係，因此，自我覺察對一個人的內在與外在都相當重要。

自我覺察對情緒的幫助

對孩子來說，自我覺察也相當重要。以下分享幾個簡單的例子。

許多孩子在生活中不免會有許多情緒，而這些情緒一旦出現，就會影響我們的想法跟行為。像是孩子跟同學衝突而生氣了，這狀態將會影響他的想法：「他們每個人都針對我，氣死我了！」一旦孩子出現這種想法，可能會做出某些反應，像是出手攻擊傷害對方、背後搞小動作去報復對方等，這些都是很合理的反應，但往往也帶來不少額外的困擾。

透過自我覺察，能幫助孩子慢慢開始思考：「為什麼我很容易跟A同學吵架？為什麼他說話我就特別容易生氣？每次他談到我，感覺都是在嘲笑我，我很不喜歡被他嘲笑的感覺……」透過自我覺察，孩子能夠找到行為與後果的因果關係，漸漸能理解情緒和自己的關係，這種對自己的認識，讓孩子開始邁向協調一致的心理狀態。

又例如考試總是令人焦慮，面對這種情況，有些人會乖乖認命去讀書；有些人會打電動逃避不想面對，這樣考試當然就考不好，然後等下次要考試的時候，又開始想要逃避。所以，**焦慮本身並不是壞事，問題在我們面對焦慮的方式**。面對不可預期的變動或挑戰，人都會感到焦慮，我們如果覺察到自己焦慮的核心，才能夠進一步安撫自己，安頓自己，而不是一擔心就逃避。

面對自己的情緒是一種很重要的心理素質，它建立在良好的自我覺察上。透過自我覺察，孩子能掌握到自己焦慮的狀態、表現與本質（我為什麼焦慮？什麼讓我焦慮？焦慮怎麼影響我的表現？），其他情緒也是如此，一旦開啟這一層次的對話，就能開始貼近自己的狀態。

事實上，自我覺察對心理韌性的幫助，不僅是對於內在的理解，還有很多功能。關於這點，我在下個章節將會進行更深入的介紹。

擁有自我覺察的好處

自我覺察是觀察自己，向我們的內在進行探索，除了覺察情緒、動機，也理解自己怎麼思考。這是一種自我理解的過程，也會調節自己跟環境的互動關係，我們透過自我覺察，同時以環境中的其他線索做為自己行事的參考，修正或調節自己的行為，除此之外，自我覺察對學習也很重要。

自我覺察與社群關係

自我覺察與社交也是有關係的。亞當．斯密（Adam Smith）是十八世紀英國經濟學家，他最經典的著作《國富論》，奠定了他在經濟學領域的地位。事實上，亞當．斯密還有一本刻劃人性相當精闢的著作《道德情操論》。在這本書裡，他提到：「一個值得人們喜愛的人，舉止應該合宜（propriety）。」所謂的「合宜」，背後也包含了自我覺察的成分。

為什麼舉止合宜會跟自我覺察有關呢？簡單來說，當我們進入任何一個社交場合時，會先快速觀察一下環境，然後馬上在心中形成此刻外在環境的一個整體樣貌。比如當你進入辦公室時，通常會先觀察環境中的狀態，有哪些人、什麼身分、在做什麼事情、氣氛如何等，這些訊息會很快在你心裡面形成一個初步的印象；像是現在你的好朋友都還沒來，然後老闆辦公室的燈是亮的，他今天好像比平常還早來，隔壁小陳邊聽音樂邊吃早餐，看到你進來還跟平常一樣笑臉打招呼，現在應該是一個很輕鬆的氣氛。

你很快速（甚至沒有意識到）在心中形成印象，接著透過自我覺察將自己的狀態與環境同步化，也就是調整行為去符合環境現在的狀態。像是動作要不要放輕、表情要嚴肅還是要輕鬆、可不可以大聲說話等。進階的同步則像是感受到他人的情緒或隱微的線索。

同步化對我們的人際互動有很重要的影響。這也可以解釋，為什麼有時候在搭乘公共交通工具時，有些人總容易忘我的說話或講電話，似乎沒有顧慮到別人的感受，因為他把心思投注在眼前的事上，而沒有去觀察環境的狀態。**所以，自我覺察不僅是深入內在的探索自己，同時也能敏銳將外在的環境氛圍內化，形成有意義的內在表徵（外在世界內心化），並在其中協調內外同步**，這就類似亞當・斯密所說的「合宜」表現。

自我感覺良好的真相

我們身邊總不缺乏一種人，他們喜歡對許多事情高談闊論，而如果仔細聽他們說的話，很快就會發現邏輯錯誤、漏洞百出。然而，就算我們都聽出問題，當事人仍能非常有自信的一直講，絲毫不覺得自己說的有什麼問題。難道他們不知道自己對某些事情的看法很膚淺嗎？事實上，他還真的很可能不知道。這現象可以從一個故事說起。

一九九五年，美國匹茲堡有位名叫麥克阿瑟・惠勒（McArthur Wheeler）的男子，他在光天化日下搶劫了兩家當地銀行。在行搶之前，惠勒先在臉上塗滿了檸檬汁，接著就在完全沒戴任何口罩或面具的情況下，從容走進銀行搶劫，過程中甚至還對著攝影機微笑。想當然耳，這樣的舉動跟方式很快就被警方鎖定，當晚惠勒就被緝捕到案。被捕之時，惠勒臉上露出不可置信的表情，納悶警方怎麼可能找得到他？明明他已經在臉上塗了檸檬汁啊！

這解釋令警方相當訝異。原來，惠勒相信檸檬汁有「隱形」的作用（事實上這是一種化學反應，將檸檬汁加熱後，會氧化並轉變成棕色，因此可以當做隱形墨水）。這種化學反應讓惠勒相信，如果他在臉上也塗滿檸檬汁，就會使其面部特徵變得無法識別。

一九九九年前後，美國康乃爾大學的社會心理學家大衛．達寧（David Dunning）在報紙上看到了這則報導，因而開啟對這現象的興趣。他找了同事賈斯汀．克魯格（Justin Kruger）一起研究，想知道究竟是什麼樣的心理因素，使得惠勒將檸檬汁的基本常識，做了如此異常的應用，並且深信不疑？

於是他們假設：人無法了解自己能力不足的程度，並且傾向於高估自己，直到接受相關訓練後，才會明白先前有多傻多天真。他們用問卷調查受試者的能力，再請受試者預測自己表現的排名。結果發現，大部分人都會過度高估自己的名次，**也就是說，人們有高估自身能力的傾向，而且表現愈差、能力愈不好的人，愈容易覺得自己的表現很好，也就是所謂的「自我感覺良好」**。所以他們得出的結論，說白了就是：「愈是笨蛋，愈有信心覺得自己不是笨蛋。」這就是心理學著名的「達克效應」。

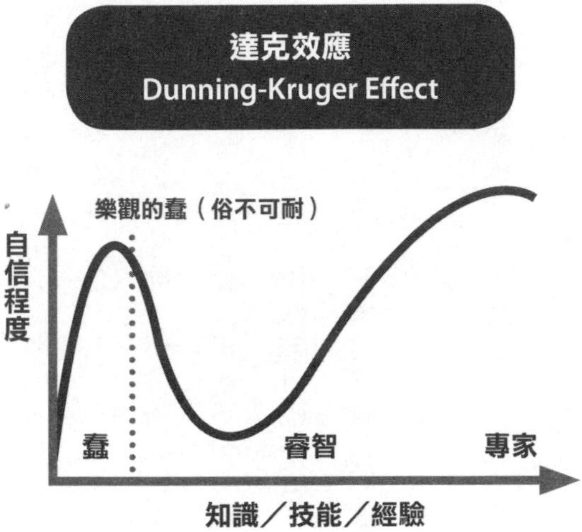

自我覺察強化心理韌性

為什麼會有這種現象呢？研究者認為是因為自我感覺良好的人，缺乏一種心理功能：後設認知（meta-cognition），其實也就是一種自我覺察的能力，因此無法退一步觀察自己的言行，然後從中帶出有意義的反省。最麻煩的是，愈缺乏這種自我覺察的後設認知，就愈容易犯蠢，也愈容易被欺騙。

一個人若能覺察並反省自己的言行，才可以看到自己的不足，然後繼續充實自己。因此，自我覺察不僅是了解自己情緒的重要途徑，也是調節自己跟環境的樞紐，更能在一定程度上調節個人過度浮誇的自信。在缺乏自我覺察的情況下，一個浮誇自信的人遇到挫折時，通常會將內在的不滿往外丟，而不是試著自我反思。長期下來不僅會惹火周邊的親友，大家都跑光光不想跟他交朋友，另一方面也導致自我成長的停滯。

透過本章節的整理，我們可以發現，**自我覺察不僅和人際關係的品質有關，更為學習帶來很重要的影響。**

因為人際關係也是心理韌性的一個重要資源，當我們和周邊的人處於較為平衡的狀態時，就比較可能在低落或挫折時，得到朋友的支持跟鼓勵，這對我們的心理韌性有很大的幫助。

同時，**在專業領域中，自我覺察也能幫助我們帶來許多體察，跳脫出框架的狹隘，看到自己的不足，開啟持續努力的可能。**這種不自滿的謙虛，將引導我們往更深刻的學習邁進。但是，我們要如何引導孩子有自我覺察的能力呢？詳細內容請見下個章節。

如何增進自我覺察？

在前面的介紹裡，我們知道自我覺察不但對情緒調節有幫助，對一個人跟環境的互動也有調控的功能，甚至是學習與專業成長相當重要的心理基礎。

就我來說，接受專業的心理諮商，本身就是一個邁向深度自我覺察的過程。不過在日常生活中，我們可以怎麼增進孩子的自我覺察呢？不妨先向許多大師級的專家請益，看他們怎麼增進自我覺察的能力。

專注內在探索的機會

提出情緒智商（EQ）這個革命性概念的美國心理學家丹尼爾・高曼（Daniel Goleman），在幾年前把他的研究重心轉往注意力領域，認為「專注」是個強大的心智力量，**「自我覺察」則是鍛鍊專注力的重要元素，**而高曼認為冥想（meditation）可以增強大腦神經迴路對內在的專注力。

著有《人類大歷史》、《人類大命運》、《二十一世紀的二十一堂課》三本堪稱本世紀最暢銷書籍的作家暨以色列歷史學家哈拉瑞（Yuval Noah Harari），曾被讀者詢問，他怎麼有辦法在年紀輕輕的階段，就寫出如此具備影響力的作品？

哈拉瑞表示，可能是因為他一年至少要花上個把月的時間，放下手邊的工作，到亞洲某座城市進行身心的正念（mindfulness）與覺察。在這段期間，他每天做的事就是「專注」於自己生活的每一刻：專注於用餐的當下、專注於傾聽自己的內在。哈拉瑞認為這種自我覺察的修行，有助於他在寫作與學術上的表現。

就連心理治療的大師榮格，也為了能隔絕外界的干擾，特別在蘇黎世的郊區小鎮蓋了一間塔屋，在這寧靜之地進行他的日常工作。在那裡，他可以不受打擾的進行思考與研究。

冥想和正念，都是一種將注意力放在當下的覺察，以開放態度接受自己內在的心理過程，對於注意力大量被網路與遊戲吸引的3C世代來說，練習把注意力放在自己身上，不受外在環境干擾的能力，非常重要。對我們大部分的人來說，能夠有一個不被外界雜訊干擾的空間或時間練習就夠了，這在家庭中就可以達成。

不過，冥想和正念畢竟是需要長期練習的心智狀態，如果我們自己都不熟悉，又要怎麼帶孩子做呢？所以或許我們可以換個方法，回到自我覺察的本質去找方法，即是：**觀照自己，也就是覺察自己內心的狀態、**

想法與經驗，理解自己怎麼感受、怎麼思考。所以抓住這個本質，我們透過類似以下的問題，就能用簡單又輕鬆的方式，在聊天中引導孩子自我覺察：

1 今天什麼事情讓你感到開心（難過）？為什麼？

2 你今天學到最重要的一件事是什麼？為什麼？

3 你覺察今天自己什麼時候表現得最好？為什麼？

4 如果你可以有一種超能力，你想要有什麼超能力？為什麼？

5 如果你可以變成一隻動物，你想要變成什麼？為什麼？

請記得，這是一個輕鬆的聊天過程，只要專注的聽孩子分享就好。

接受事物的多元性

著有《深度洞察力》（*Insight*）一書的組織心理學家塔莎・歐里希（Tasha Eurich），從事許多企業管理方面的實務研究，因而發現高度自我覺察的人，看事情的觀點經常是多元的，不會只局限於單一立場。換言之，他們用一種開放的態度，接受事情本來就是多面向的複雜本質，不會只有單一觀點或立場。因此，從塔莎的觀點來看，建立看事情的多元角度，是一個值得思考的方向。簡單來說，就是換位思考，換愈多位愈好。

在家裡，我們怎麼協助孩子建立這樣的能力呢？首先要記住一件事，所謂事物的多元性，有兩個很重要的層次：**第一，每一件事發生的原因有很多種可能，不會只有單一的理由；第二，看待一件事，不會只有一種觀點，不同人對同一件事的觀點跟看法，會有很大的差異。**順著這兩點，我們就會有對應的做法。

針對第一層次：增加事情的各種可能原因，也就是當孩子分享對某些事情的解釋時，我們可以試著引導孩子探討更多的可能性。比如孩子說：「體育老師很凶，他對學生都很容易生氣。」這是一個現象，但是我們可以有很多討論的方向，像是問：「老師原本就是一個很凶的人嗎？」「他在什麼事情上會比較凶呢？」「他對班級的所有人都一樣凶嗎？」「有沒有哪些時候他不凶呢？」這些討論就是在增加孩子看事情的多元性與複雜度。

針對第二個層次：看事情的觀點彼此不同，類似觀點轉換的道理，就是你看的角度跟我看的角度不一樣。很多家長都知道這個道理，不過我們在引導孩子的時候，往往會說：「你也要顧慮別人的感受。」「別人想的跟你又不見得一樣。」這些都是好的提醒，想讓孩子知道每個人本來都有差異，不過這些都是「道理」的層次，要讓孩子接受並不簡單。

孩子往往對「道理」有一種抗拒，只要聽到家長疑似在說道理時，耳朵就會自動閉上，讓溝通效果打了折扣。既然如此，我們該怎麼辦呢？

引導孩子自我覺察的方法

我們如果希望孩子理解，看事情其實是有很多觀點，而不是只局限在自己的看法，首先要讓孩子了解一件事：「我的看法只能代表我自己，無法代表其他人的觀點。」一旦孩子理解這點，自然就會建立起一個心理上的區隔，將同一件事區分成「自己的」跟「別人的」觀點。

想要做到這一點，又不想要讓孩子覺得爸媽在說道理，有個很簡單的小技巧，就是讓他「自我催眠」。方式很簡單，幫助孩子建立一個簡單的表達習慣，在說出自己的看法之前，要先加上：

「就我個人的看法……」

「從我的角度來說……」

「我自己的想法是……」

這幾句表達意見的起手式，都有一個很明顯的暗示跟提醒，就是以下要說的話，都只代表「我自己」對這件事的看法，不代表其他人的意見跟立場。因此孩子在表達的同時，在心理層次就把自己的觀點跟其他人的觀點做了劃分；同時，這樣的開頭也提醒他自己，這只是他的看法，這件事仍然有很多其他人的看法。此外，當孩子如此表達的時候，也會透過這個開頭的引導，意識到自己是如何看待事情、如何感受事情、如何判斷事情，這又是自我覺察的一個引導。

家長如果想增加孩子看事情的多元觀點，也可以用同樣的句子和孩子討論，像是：

「你覺得從爸爸的角度怎麼看？怎麼說？」

「你覺得從媽媽的角度怎麼看？怎麼說？」

「你覺得從○○的角度怎麼看？怎麼說？」

注意看這些句子的結構，你有沒有發現，這些提問不僅可以增加親子間的討論跟互動，更重要的是都有一個共通點：**以「問號」結尾**。以問號結尾有什麼意義嗎？

想一想，當你看到「以問號結尾有什麼意義嗎？」這句話時，有沒有稍微靈機一動，腦海中突然有個小小的停頓，或是跟著自問：「對啊！有什麼意義嗎？」

這是一個很有趣的現象，當我們面對別人的問題時，都會忍不住想要去回答對方。

這情況幾乎每天都在發生，就算你再怎麼不想回答，還是會忍不住給出一些回應，例如有人問你：「吃飽沒？」你幾乎都會回答，如果有人問你：「今天還好嗎？」就算你今天糟透了，仍會試著擠出一個回應。**人在面對別人的詢問時，總是有種回應的衝動，因此，問一個好問題，能帶出更多的思考；問一個開放性的好問題，能帶出更豐富而多元的想像。**

到目前為止，我們理解到自我覺察在情緒調控、學習歷程中所扮演的角色跟好處，同時也學到引導孩子自我覺察的幾個原則跟技巧，希望透過這些在家中就可以施作的方式，能幫助家長在練習與陪伴中，慢慢培養孩子建立自我覺察的心智能力。

自我覺察是不是就一定好？

本章我們分享了許多關於自我覺察的好處，但自我覺察是不是就一定都好呢？這也不一定。我們前面說過，自我覺察是一種對自己的關注，也就是你把注意力放在自己身上。適當的覺察能幫我們了解自己，掌握內在狀態，但過度的自我關注就不見得是好事了，因為一旦我們花費太多的注意力在自己身上，這也會妨礙到眼前該做的事情。

關於什麼是適度的覺察，並沒有一定的標準，不過在大方向上，本書所謂的自我覺察，指的是情緒探索、同步協調、後設思考（思考自己怎麼思考）、多元觀點，而這些有賴於我們在生活中引導孩子體察、分享與接納情緒，並且在對話的練習中，慢慢培養看事情的多元觀點。當我們提供這樣的環境與機會時，孩子就會發展出他的覺察能力。

第3章

自我概念與自信

自信心的主要內涵包括：
看重自己的程度，又稱「自我價值感」；
以及相信自己具備完成挑戰、解決事情的能力，
也叫做「自我效能感」。
這兩部分，共同構成一個孩子看待自己、
看重自己、相信自己的自我概念。

關於自信這件事

我們都知道自信心的高低，對孩子在人際關係、學習態度或生活管理等許多層面，有非常大的影響力。所以在學校裡，家長常見的擔憂之一，也是孩子自信心不夠該怎麼辦？

自信心是一個很大的概念，包含許多元素，其中有兩個主要成分，組成一個人自信的核心內涵：**第一個部分，是一個人對自我看重的程度，也就是覺得自己是不是重要或有價值的人；第二個部分，則是一個人相信自己有完成挑戰、解決事情的能力。**

自我價值感

一個人看重自己的程度，叫做「自我價值感」。自我價值感良好的孩子，他相信自己是值得被愛的，別人也會看重他，人際互動通常也較為信任與良善。

一個自我價值感不穩定或低落的孩子，在關係裡往往是退縮的，很容易受到朋友的影響，沒有自己的主見。甚至有時別人說了一些話，明明和孩子沒有關係，但價值感低落的人聽了就好像被刺到的感覺，誤以為別人在攻擊自己。

有些人會說這是「玻璃心」。但事實上，所有人一開始本來就都是玻璃心的，因為自我價值感是我們在成長過程中，透過自己的經驗、與家人的互動中慢慢建立起來的。

自我價值感之所以重要，是因為**當孩子具備良好的自我價值時，他看**

重自己、相信別人，也能與旁人有良好的互動。而本書所有章節分享的內容，都是建立自我價值感的來源。

自我效能感

相信自己具備完成挑戰、解決事情的能力，在心理學上叫自我效能感，是我們對自己能力相信的程度。自我效能感高，就是我相信自己可以把事情做好；自我效能感低，就是我不覺得自己有能力把事情做好。在生活的任何層面，這兩種心態都會帶來很不一樣的結果。

自我效能感高的孩子，因為相信自己有能力可以解決問題，所以在面對挑戰的時候，往往會比較主動，願意去面對、接受這些挑戰，並且努力做一些嘗試；自我效能感低的孩子，往往會覺得自己沒辦法把事情做好，所以一旦遇到事情，就會直覺的想要逃避。

自我效能感高或低，同樣也會影響孩子生活中非常多的面向，其中最常見的，就是孩子碰到挑戰時，能夠接受與面對的意願。

自我價值感與自我效能感，是孩子自信心的來源之一。但如果孩子自我價值感或自我效能感都不高，那該怎麼辦呢？如果這也是您擔心的部分，我們將在本章提供一些思考面向，幫助爸爸媽媽能在生活中促進孩子的自我價值感與自我效能感。

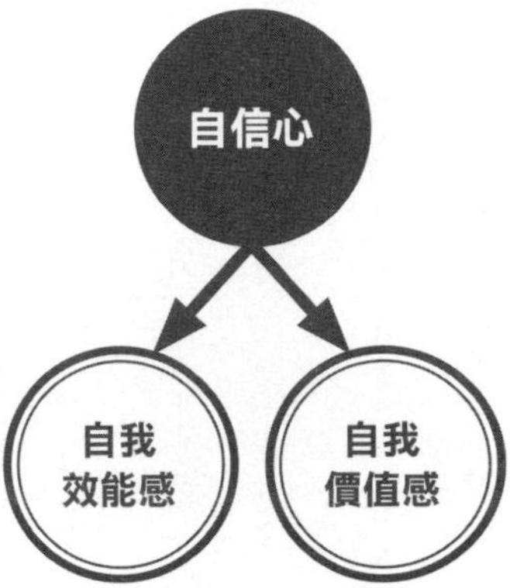

營造支持孩子的環境

許多心理學研究指出，影響一個人自我價值感的各種因素中，「環境」是最核心的關鍵，尤其是他被環境對待的方式。多年的臨床經驗告訴我，很多價值感低落的孩子，他的環境很常充斥類似以下的對話：「你是笨蛋嗎？」「你白癡呀？」「你這些事情都做不好，我是怎麼教你的？」「別人說一次就懂，你是要說幾次才懂？」「你們班其他人都可以，就你不行？」「你還真的以為你很厲害？那是別人不屑才讓你！」「不是你厲害，是別人太爛，知道嗎？」

類似這類的言語，全部都是在貶低或侮蔑一個孩子的人格與價值，這對孩子內心的破壞非常大，也很難修復。**避免攻擊孩子的人格，這是非常重要的事**。因此，在批評或責罵孩子時，我們可以試著把重點放在行為的層次：「我對你這樣做事情，基本上是非常不滿意的。我相信你應該有更恰當的做法。」

反過來說，很多研究也發現，**在家庭成員間相處融洽、溝通順暢，對孩子有情感支持的環境裡，孩子的自我價值感往往也較高。**因為他會感受到：「不管怎樣，我的家人都非常愛我。」光是體會到這一點，就能為孩子的價值奠定重要的基礎。換句話說，自我價值感奠基於家庭關係的品質，而溝通往往又是傳遞關係的媒介，因此在本書的第五章，將會針對親子溝通的部分，做更深入的介紹。

增進自我效能的三個方法

至於培養孩子自我效能感的部分，又該怎麼做呢？

我們前面說過，自我效能感是一個人對自己有能力完成事情的相信程度，也就是「我可以」的信念。這種信念怎麼培養呢？關鍵就在成功的經驗與失敗的轉念。當孩子做一件事情成功了，自然就會想繼續往下做，因為成功的經驗對大腦來說是很興奮的刺激。同時，孩子面對「失敗」與「犯錯」的態度，則是另一個關鍵，畢竟失敗或犯錯會讓人充滿挫敗感，最後只想逃避。所以，自我效能感可以分成兩個部分：成功經驗的累積，以及面對失敗的態度。

雖然我們都知道成功經驗很重要，但我們面對孩子犯錯或失敗時的回應跟態度也同樣重要。失敗跟犯錯對很多家長來說有一點點不一樣，爸爸媽媽心中認為失敗是孩子至少有先努力，而犯錯是因為孩子沒用心，所以我們看待孩子失敗時會寬容一些，面對犯錯則會怒氣沖天。但事實上，不管是失敗還是犯錯，關鍵在於它帶給孩子的意義，如果我們只是處罰（責備）孩子犯錯的後果，就會讓孩子產生逃避的心態。

許多家長（包含我在內）都很習慣這麼說：「你看看你，我就跟你說了吧！說了這麼多次，結果這件事你還是做不會！」「我之前是怎麼說的？我是不是跟你說……我都說了八百次了！」

這些指責其實都沒錯，但這是在怪罪孩子不聽話，沒辦法幫孩子帶來提升或改進的空間，反而強化孩子不能自我判斷的限制。所以從增進成功與面對失敗（犯錯）的兩個角度來說，我們可以透過三個方法來增進孩子的自我效能感。

第一個方法是：提供孩子選擇與承擔的機會。

孩子對事情是充滿好奇跟興趣的，所以他們會想要探索、嘗試跟體驗。但我們很容易幫孩子決定他的行為，像是出門要不要穿外套、襪子要穿哪一雙等，孩子在事事被決定的環境中，沒有真正自己動手嘗試的機會，就很難意識到行為與後果的關係，從中累積滿足的經驗或自省的調整。

提供孩子選擇的機會，這是很重要的事情。你可以決定大方向，但在適度的範圍中，讓孩子做選擇，並讓他為自己的選擇承擔後果，比如說你們要走路去市場買東西，但走哪一條路線孩子可以做選擇；走路要走在人行道上，但路上有一灘水，孩子可以去踩踩水，體驗褲管濕了、鞋子濕了的感覺，這些經驗對孩子來說，就是一種選擇跟承擔的體現。

很多大人管控孩子生活的程度細節到像在當兵；「吃飯專心吃，不要看旁邊！（為什麼不能看旁邊，會扭到？）」「坐好！不要駝背！（要不要順便挺直腰，板凳坐三分？）」「穿那件藍色的外套，不要穿這件！（你藍色系？）」「不要碰欄杆，很髒！（所以是不能洗手？）」「走路就好好走，不要用跑的，撞到人怎麼辦？（不就剛好可以練習怎麼說抱歉？）」

有時候我們限制孩子的原因，連我們都很難說服自己，可以說出來的理由，大部分連我們自己都做不到。你可以掌握大方向，然後在細節開放。

第二個方法是：保留孩子願意嘗試的動機。

請記得：「凡有肯定，必有保留。」一旦孩子有任何新的嘗試或成功的經驗，就給予肯定，你可以說：「我看到你願意去做這樣的嘗試，嘗試本身非常重要，所以我很肯定這一點。」這樣的說法可以保留孩子願意嘗試的空間，讓他對事情有一份嘗試的勇氣。

有時候，孩子可能在某個領域有很強的動機，在另一個領域就興趣缺缺，這也沒關係。因為自我效能感本來就會隨著不同科目或領域有所不同，你可能對英文很有天分，但對數學則是一竅不通，那你對英文跟數學的自我效能感就會不同，而我們的重點在於，讓孩子透過累積成功的經驗，建立自我效能感，然後這些成功經驗會形成他的自信，這才是我們最核心的目標，而不是要求他樣樣都好，事事都有效能感。

甚至你也可以接受孩子的拒絕。拒絕本身也是一種嘗試（嘗試拒絕你，這需要勇氣，並長出力氣），只是我們要評估，當孩子拒絕的時候，這是他真正思考利弊後的結果，還是想要逃避的說詞。有關孩子逃避面對的部分，後面我們會再慢慢分享。

第三個方法是：用「事後學習法」幫助孩子增進自我效能感。

當孩子犯錯時，該怎麼辦？簡單來說，我們如果目標是學習，就可以在犯錯後用詢問的方式，幫助孩子從犯錯中學習，而不是責備孩子不聽話的後果。

我會說：「如果今天這整件事再重來一次，你要透過什麼樣的方式，避免這樣的結果？」這問題已經跳脫出對錯的責備，而是引導孩子重新回到事件過程中，讓他透過事後的想像再看一次事件，並且從中學到改善的方法，這也是增加效能感的一種方式。

「事後學習法」引導孩子去思索面對事情時，可以怎麼重新做，然後把事情做好，愈具體愈好。透過回顧錯誤，孩子學到一個新的方式，而在整個問話的過程裡面，其實家長也是在無形中鼓勵孩子「從錯誤中學習」。

你可能會問：「那孩子不聽話犯錯，難道我們還不能生氣嗎？」事實上，你本來就會生氣，也應該要生氣，不生氣才奇怪。生氣是因為孩子不聽話，是因為自己被否定，是因為擔心孩子犯錯，過濾我們生氣背後的這些理由，不正是支持我們讓孩子從錯誤中學習的原因嗎？從更自私的角度來說，我們就是希望孩子以後不要怕犯錯。現在趁孩子年紀小，犯錯的成本也小，那從中學習剛剛好。

找到合適的學習方法與途徑

在學校中的學習，也跟自我效能感有很大的關係。比如有些孩子可能對英文就是提不起勁、沒有動機，而家長常見的做法是跟孩子談條件，要是他考得好就給獎勵。等到試過許多方法都沒什麼用之後，有些家長可能兩手一攤，直接放棄。

不論是談條件或放任不管，都沒辦法幫助孩子建立對學習的內在動機。學習一定是充滿挫折的，如果缺乏成功的經驗，他就不太會相信自己有學習能力，自我效能感當然低落。**造成孩子挫折的根源，往往是因為找不到適合自己的學習方法**，例如老師上課實在太無聊、家裡沒有學習的氣氛、補習班太有壓力、家教太嚴格等。

學習低落通常跟教學技巧還有學習方法有關，所以我們應該針對這些部分找出解決方式，而非一味要求孩子更加努力。畢竟，沒有方法或技巧的努力，就好比要人開好一輛沒有方向盤的汽車，問題不全然出在駕駛身上。一旦方法改變了，學習可能也就跟著改善了，孩子自然會慢慢找到學習的樂趣，增進自我效能感。

在這個章節，我們分享了自信心的兩個主要部分——自我價值感與自我效能感。**自我價值感需要家人對孩子的支持、良好的關係，還有對孩子的信任；自我效能感建立在孩子的成功經驗上，同時鼓勵孩子在錯誤中學習**

新的可能。在兒童與青少年時期，這兩個部分都是不穩定的狀態，然後慢慢融合，成為孩子自我概念的核心。在接下來的每一節，我們來看看如何在生活的種種挑戰中，陪著孩子建立自我價值感與自我效能感。

當孩子害怕挑戰的時候

一個嘗試錯誤的人生，
不但比無所事事的人生更榮耀，
並且更有意義。
——蕭伯納《人與超人》

很多時候，孩子面對新環境或挑戰，總是不肯嘗試，不管好說歹說都無效，最後得用逼的，才不情不願的去做，這種情況往往讓親子雙方的心情都不好。爸爸媽媽會納悶：「不過就是一點點小事情，有什麼好怕的？」不免對孩子扭捏的態度感到不可理喻。事實上，我們在面對未知的挑戰時，最怕的其實是「失敗」。

失敗之所以令人難接受，是因為會對「自我價值」帶來傷害。沒有人喜歡受傷，尤其是跟「我」有關的傷害，那會讓我們感覺自己的價值低落，帶來一種破碎的感覺，就算這種破碎感只是暫時的，仍是很不舒服的威脅。因此，為了保持我們的完整性，不受到失敗的威脅，選擇「不嘗試」是最輕鬆的方法，只要不嘗試，就可以免除一切的威脅跟危險。

當孩子的內在自我還很弱小、不穩定的時候，對失敗帶來的不舒服，會更為敏感，如果我們強迫孩子嘗試，很容易在他心中留下排斥的感受；恐懼於是成為一種邊界，限制了孩子探索的機會。然而，如果孩子因為害怕而放棄嘗試，就又少了成功經驗。所以，鼓勵孩子接受挑戰跟嘗試，是值得家長花時間和孩子一起面對的課題。

我依據這幾年的經驗與臨床研究，整理出幾個供大家參考的方法，可用於孩子害怕挑戰而不敢嘗試時。當然，每一個方法都能和其他方法共同使用。

一、失敗遊戲

孩子如果對於自己的要求過高、過於在乎失敗帶來的損失，就很難願意去嘗試，畢竟嘗試失敗的結果是很難接受的，這很正常。大部分的人都不喜歡失敗，這是人性，我們很難去改變，但我們還是會忍不住對孩子說：「不要害怕失敗！」「你要勇敢堅強。」「這個失敗都不能面對，以後的失敗要怎麼辦？」

這些道理違背人害怕失敗的天性，所以很難說服孩子。不過，**我們雖然很難改變人性，但是可以轉化「失敗」的意義。**

失敗確實是讓人氣餒又挫折的，但如果失敗不見得只有羞恥、難堪或價值低落的感受，還可以有正面意義，這樣是不是就可能變成孩子願意嘗試的契機呢？

要營造這種契機，就是改變失敗的意義。家長可以在平常聊天時，或是當孩子失敗時，向他表示：「你剛剛失敗了，我覺得這是好事。」孩子聽到通常會覺得你有病吧？所以你的解釋很重要，例如說：「因為我相信失敗能夠讓你學到更多。」「因為失敗就像是累積遊戲的經驗值，讓你能夠不斷學習到更多。」

家長這樣做的好處是，能調整孩子認為失敗就是很糟糕的固執，多了一個重新看待失敗的角度，增加對失敗的容忍度。但要注意的是，我們並非鼓勵失敗，而是鼓勵孩子用學習的角度看待失敗，而不是把焦點放在失敗的傷害中。

二、換位思考

孩子不願意嘗試或害怕挑戰，是因為陷入自己擔心害怕的框架裡，而處在保護自我的狀態。這時我們也可以試著透過一些引導技巧，幫助孩子用不同的角度跟自己對話，用自己的話說服自己，從而跳脫恐懼的框架。

家長或許可以試試以下方法：問孩子如果是另一個勇於嘗試、失敗也沒關係、不在乎別人嘲笑的自己，會怎麼做。例如問：「如果今天你是一個不擔心別人的眼光，也不在乎結果是否失敗或出糗的人，你會怎麼做呢？」或是問：「如果是你的好朋友面對跟你一樣的狀況，你會怎麼鼓勵他呢？」

幫助孩子透過換位思考，建立自己的內在對話方式，讓他試著安慰自己。這麼做的目的是讓孩子跳脫出自己的角度，把對象換成別人，這時**因為是去說服其他人，所以孩子能暫時跳脫框架；在想像說服的過程中，同時也是在鬆動自己的執念。**

三、預設準備空間

當孩子停留在失敗的想像空間裡，常常會愈想愈擔心，然後就愈拖延，不願意去嘗試。對此，家長可以採取另一種做法：限縮孩子的想像空間，促進行動的機會。做法很簡單，就是**直接透過「給予選擇」的方式，框住孩子的心理準備期**，比如說：「我知道你需要時間準備，準備好才會去嘗試，所以請告訴我，你需要多少時間呢？」

如果孩子說他不要去，則再往下延伸，告訴他：「『不要去』並不在選項裡，你覺得自己需要五分鐘還是十分鐘做心理準備？」這時孩子通常會選擇時間較長的選項；有些孩子做了選擇之後，就會在某種程度上暗示自己，要盡量符合所選擇的時間。這時，家長不妨再加上前面「失敗遊戲」的方法，告訴孩子：「你試試看，就算失敗了，我也會覺得很高興，因為你又可以多學到些什麼。」

四、模仿效果

你有沒有曾經觀察到一些現象：當孩子看到別人在溜滑梯的時候，也會想要跟著玩；當孩子看到別人在盪鞦韆的時候，也會想要湊熱鬧；當孩子看到別人在跑步時，也會不自覺跟著往前跑。

這些自發性的模仿，表示我們其實很容易受到別人行為的影響。有科學家聲稱，這可能是因為我們大腦中鏡像神經元的作用（這是大腦中同理心基礎的相關區域），雖然我們不容易理解鏡像神經元的運作原理，不過可以確定的是，**當孩子看到別人做出某些行為時，自己腦袋相對應的區域也會跟著活化**。目前的研究還不確定這是否能引發孩子的行為動機，但可能為孩子的模仿行為奠定了某些基礎，因此大人也許可以直接親自示範，做孩子的榜樣。當大人都能樂在其中時，孩子透過觀察學習，也增加了嘗試的動機。

五、禁止比較

不論上述幾種方法是否奏效，家長務必記住，不要習慣拿孩子跟別人比較，像是說：「人家妹妹都敢，你怎麼這麼膽小呀？」「人家才幾年級，你幾年級？羞羞臉！」

這些比較的方式，並不能增加孩子想嘗試的動機，也不會因此就真的賭氣去做（青少年或大人比較可能這樣），反而容易讓孩子因為被貶抑而感到自卑；有些孩子甚至會變得更退縮，討厭在大人面前展現自己。

如果你試過以上各種方法後，發現孩子就是不為所動，也不願意去嘗試任何新事物，可能要思考一下孩子的天生氣質。天生氣質是指孩子與生俱來的某種性格傾向，有些氣質會讓家長比較煩心，不過我們也發現，這些氣質可能會隨年齡而改變。

若孩子始終相當害怕嘗試，但這並沒有影響到他平常的人際關係、生活作息、情緒學習等，家長不妨暫時先觀察就好。也許有一天，孩子碰到了生活中某些意外的經驗，像是朋友邀請或活動參與，可能就輕易跨越了心中的障礙。

更重要的是，我們應該自問，是否有提供能夠容忍犯錯的空間，引導孩子從每一次的嘗試與失敗中得到新的經驗，這將是孩子面對未來最寶貴的心理資產。

如何面對學習挫敗

改變的祕訣，在於我們該把焦點放在新的模式上，
而不是拿去抵抗舊的習慣。
——丹．米爾曼《深夜加油站遇見蘇格拉底》

面對未來ＡＩ世代的崛起，「終身學習」是一個很重要的能力。如果我們希望孩子能保持對學習的終身興趣，就要回過頭來檢視學習體制的現況，並且回歸到家庭當中，思考我們可以怎麼面對。

人天生是喜歡學習的，我們生來就充滿了好奇心，想要去探索一切的未知。孩子尤其如此，對每一件新奇的事物總是睜大眼、目不轉睛的盯著觀察、觸摸、來回嘗試。例如孩子會把玩家電的開關，在開開關關之間，著迷於其中的變化，按一下就打開，再按一下就關上，光這兩個動作，就可以把孩子逗得樂開懷。

傳統教育體制的必然

但奇怪的是，為什麼到了學校後，我們好奇心愈來愈少，變得愈來愈不喜歡學習，甚至放棄課業呢？原因很多，這絕對不僅是體制的問題，也有各種個人與家庭的因素。不過總而言之，**教育傳授的知識和方式，與我們真正的生活相隔太遠。**

傳統教育不斷在強化我們大腦不太擅長的事情：背誦與記憶。我們在學校學到的知識，大部分都是碎片化、生硬的內容，跟真實生活很有距離，例如二元一次方程式、牛頓定律、三角函數等。孩子被迫坐在教室裡，硬生生啃著這些知識，相互比較誰能裝進更多知識，然後一旦回到真實生活中，這些用不到的知識馬上就會被晾在一旁。

有些人則相信，背誦的東西會內化成自己的價值，所以用三字經、弟子規做為品德教育的手段，企圖用背誦古文典籍來塑造品德。然而，知識若沒有通過經驗的歷練與思考的辯證，就如同沒有消化過的食物，往往提供不了營養。

事實上，如果真要比記憶與背誦，我們手邊隨便一個隨身碟，大概能夠贏過九九．九%的孩子，如果隨身碟就能輕易辦到的事情，為何還要學習呢？這要簡單的說明一下過去的教育體制。

在過去的傳統教育中，我們透過標準化的測驗，讓每個人依據各自的分數在群體中排列，少部分會排在群體最前面或最後面，剩下絕大多數人分布在中間。在當前教育體制中如果不這麼排序，老師會很為難，因為他們將無法針對孩子的表現，給出客觀的分數，而客觀就是建立在這種平均分布下的必然。

在這樣的情況下，優異的孩子只有排在前頭的少部分人，而其他散落在中間的孩子，成為了平庸（平均）的大部分。這是全世界都一樣的現象，我們符合世界潮流，儘管它本身就存在著某種問題。

教育主管機關當然也有看到這個問題，學校的老師也都很樂意投入教育，但由於制度背後所牽涉的議題太多太廣，盤根錯節，並不是一朝一夕就能改變。目前推行的**以素養導向教育的出發點，就是試著翻轉過去的教育現況，讓知識能夠帶著走，為生活服務**。不過回到教學現場，我曾在《如果可以誠實，孩子為什麼要說謊》一書中，將自己在學校多年觀察到的現況，以一個學習五輪圖說明。總歸來說，孩子在學習的表現上，就如以下圖示：

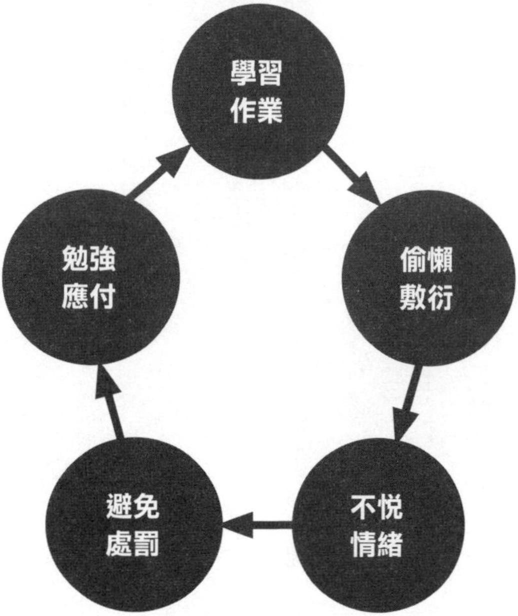

簡單來說，凡是面對學校的學習（例如作業跟考試），人都會偷懶，但是當孩子出現偷懶或敷衍的情況時，家長都會很生氣，不是厲聲責問就是處罰。孩子一被處罰就知道逃避的下場很糟，所以為了避免被處罰，只好摸摸鼻子繼續學習，或者勉強應付。

但處罰的效果一定會漸漸失效。很多孩子進入國、高中之後，開始有能力反制爸媽，或是心裡有力量後，就不太甩爸媽了。家長發現過去的方法無效了，又苦於無法解決孩子學習低落的問題，只能感到無奈跟無力。**在這個學習循環裡面，一旦拿掉處罰跟威嚇之後，我們還可以用什麼方法去培養孩子學習的心態？**很多家庭裡的衝突與糾結，也在這裡發生。

培養孩子的成長心態

史丹佛大學的心理學教授卡蘿・杜維克（Carol Dweck）三十多年前的經典研究，提供了我們對於孩子學習心態的了解，也就是我們目前熟知的成長心態（groth mindset）與定型心態（fixed mindset）的概念。這兩種心態最主要的關鍵差異，在於對自己「能力」的看法，定型心態的孩子認為，智力跟個性是天生的，後天無法改變什麼；相反，具備成長心態的孩子則相信，智力跟個性可以透過後天的學習改變。具備成長心態後，孩子的學習表現就會變成：

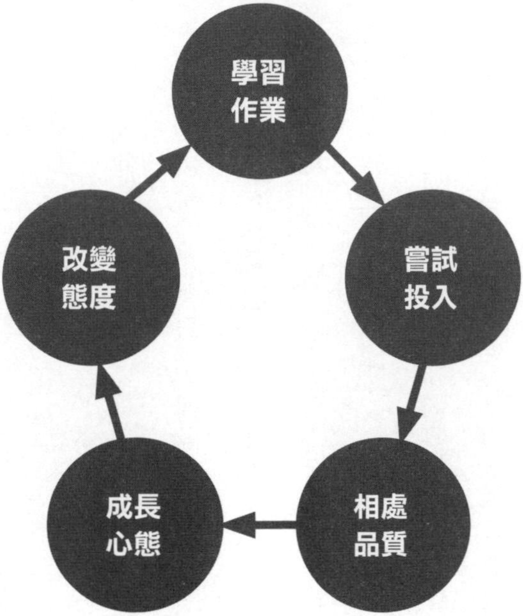

這裡我們可以看到，一個人怎麼看待自己的能力，將會影響他面對挑戰的態度。杜維克的研究告訴我們，這種想法其實是可以被塑造的，那是怎麼做到的呢？

關於這點，我在拙作《如果可以誠實，孩子為什麼要說謊》中有詳細介紹，在此就不再贅述，直接點出最關鍵的重點：**對孩子的肯定很重要，但更重要的是肯定的內容**。當你對孩子的學習或表現是肯定能力或智力，就是在建立定型心態；肯定努力或投注的心力，就是在建立成長心態。你的肯定是放在能力還是努力呢？

把握這個簡單的原則，我們就可以幫孩子在生活中建立起成長心態，並且做為他將來在學習遇到挑戰時，能夠掌握且信奉的價值觀。畢竟成長心態的影響實在太廣泛了，不僅在課業上，連人際關係、企業經營、團隊合作，都深深受到成長心態的影響。當一個孩子能以面對挑戰的態度來看待學習這件事，並且把整個挑戰的過程看做是自己成長的滋養時，他就不會只將挫折視為一種打擊。所以，**關鍵就在對於孩子的學習，我們可以試著增加成長心態。**

實務上可以怎麼做呢？首先，我們必須體認到人是一種框架的動物，也就是我們思考很難跳脫既有的框架，隨時都會陷入自己的框架中而不自知，並且會把框架當做事實。

如果你不明白「人類是框架的動物」的意思，請看看下面的填空題，然後馬上說出你想到的答案：

□肉□食，框框裡的答案應該是：＿＿＿＿＿＿

□柔□剛，框框裡的答案應該是：＿＿＿＿＿＿

□敗□地，框框裡的答案應該是：＿＿＿＿＿＿

框框中分別該填上什麼字呢？想一想，你應該很快就會有答案了。

我猜你分別想到的，應該是弱肉強食、外柔內剛（或以柔克剛）、一敗塗地，對吧？事實上，絕大多數的人應該都是想到這些，不會有別的答案。

然而，框框內的字只能是上面的選項嗎？□肉□食，可不可以是豬肉定食呢？□柔□剛，可不可以是溫柔金剛呢？□敗□地，可不可以是一敗天地呢？（這個不行，因為一敗天地的敗是錯字，應該是拜。）

看到這邊，你可能會忍不住噗哧一笑，心想：「這是什麼東西呀？這是腦筋急轉彎才有的答案吧？」事實上，**我們的腦袋就是這麼樸實、單調且框架，思考經常陷入「框架」，難以跳脫經驗與價值觀的影響。**很多時候，我們的確很需要急轉彎一下。

以下練習中列舉的狀況，我們通常會有習慣的反應，現在就一起來跳脫框架看看吧！

跳脫框架的練習

當孩子說：我就是學不會

情境或心境↓面對學校中的新學習、生活中的新事物。

既有框架（定型心態）↓你只是想逃避；沒有學不會，是你沒認真學；別人有像你這樣逃避的嗎？

跳脫框架（成長心態）↓你只是暫時還沒抓到訣竅。

背後的用意↓用「暫時」暗示這是個短暫的狀態，而不是永久的結果，因此還有值得努力的空間跟機會。

當孩子說：我要放棄了

情境或心境↓針對某些領域或學科。

既有框架（定型心態）↓不准，你敢就試試看；放棄以後你要做什麼？

跳脫框架（成長心態）↓你當然可以放棄，不過你要放棄的是這個方法，而不是這個領域。你可以試試看別的方法。

背後的用意↓把放棄的對象放在方法，而非領域或學科，因為孩子可能不是在學科上沒有能力，只是用錯方法，缺乏訣竅或技巧。這兩者要區分開來。

當孩子說：我只會犯錯

情境或心境→挫敗後的自我放棄語言。

既有框架（定型心態）→我就跟你說過了；我當初是怎麼說的？

跳脫框架（成長心態）→犯錯讓你學得更多，要是讓你重做一次，你會注意什麼？

背後的用意→犯錯降低了自我效能感，家長可以調整犯錯的負面內容，增加一些正面的意義。

當孩子說：這個太難了

情境或心境→預期自己的失敗，想找台階下。

既有框架（定型心態）→人家還不是照樣去做；比起人生，這有多難？

跳脫框架（成長心態）→這代表你需要更多時間思考。每個人的學習路徑不一樣：有的人資訊處理快但產出慢，有的人則是相反，有的人都慢，有的人都快。

背後的用意→困難意味著需要更多準備，把焦點從害怕結果的失敗，轉移一些到事情的準備上。

當孩子說：我老是做不到

情境或心境↓自我懷疑。

既有框架（定型心態）↓因為你沒有用心去做；你都沒認真，怎麼做得到？

跳脫框架（成長心態）↓你用了哪些方法？怎麼制定計畫？執行過程中遇到了什麼困難？

背後的用意↓從自我懷疑中跳出來，檢視執行層面的部分，這可以讓孩子有一個自我檢視的具體架構。

當孩子說：〇〇真的很厲害，才讀一下就考得比我好

情境或心境↓感覺嫉妒、不公平及自我懷疑。

既有框架（定型心態）↓不要這樣想，他搞不好躲起來偷讀你也不知道；你只要努力就好，不要跟他們比。

跳脫框架（成長心態）↓你能夠持續嘗試努力，也是一種天賦；我如果是你，也會覺得不公平，不過〇〇找到適合自己的學習方式，你也可以。我相信你能夠找到你的學習模式。

背後的用意↓每個人的天賦和學習歷程都不一樣。因此，我們必須幫助孩子學會接受差異，更重要的是，找到他自己擅長的學習模式，這才是關鍵的心理資產。

當孩子說：〇〇比我聰明，我比不過他

情境或心境↓陷入比較智商（聰明）的迷思中，自信心受到打擊。

既有框架（定型心態）↓人家聰明是人家的事情，你笨就應該好好努力；你不是那塊料，不用在那邊浪費時間；人家做了什麼，你做了什麼？

跳脫框架（成長心態）↓聰明是很廣泛的概念，運動是一種聰明、才藝是一種聰明、語言能力也是一種聰明；這不完全是聰不聰明的問題，方法與經驗也是很重要的關鍵。在方法與經驗上，你還可以怎麼進步呢？

背後的用意↓事實上，智商是個複合的多元概念，考試能測量到的只是其中一種。考試成績無法看出解決問題的表現、人際關係的表現、面對挑戰的表現。不過這時孩子更需要的，通常是家長的肯定跟信任，爸媽的肯定是很重要的慰藉。

學習低落的成因與解方

前一章節我們談到成長心態的概念，與跳脫框架的回應練習範例，不過很多家長都會詢問，不管是在國小、國中或高中階段，要是發現孩子似乎對學業已經失去了興趣，這樣是不是就無法建立成長心態了呢？

有類似困擾的家長可以參考以下兩種常見的學習低落因素：

一，學習得不到合理回饋；二，缺乏學習自信。

學習得不到合理回饋

當孩子長期在學習領域中表現不佳，因而開始懷疑自己的能力時，很可能就會落入逃避循環裡；家長對此也覺得束手無策，畢竟孩子都自覺做不到了。這時，我們就落入負向學習循環中（參考下頁圖片右下方），親子雙方都覺得很無力。孩子因為表現不佳而懷疑自己的能力，這是相當正常的事，我們不用急著催促孩子從挫敗中馬上站起來，孩子仍需要一些時間消化自己的情緒。與此同時，家長的陪伴跟引導是很有幫助的事。

不少大人看到孩子因為失敗而低落難過時，可能會忍不住說：「你不努力，所以沒資格難過。」「我早就跟你說了，你現在弄這什麼東西，還好意思哭！」「不聽老人言，吃虧在眼前。」這類的話語。「不努力，所以沒資格難過」這邏輯乍聽似乎有道理，但事實上根本不通。

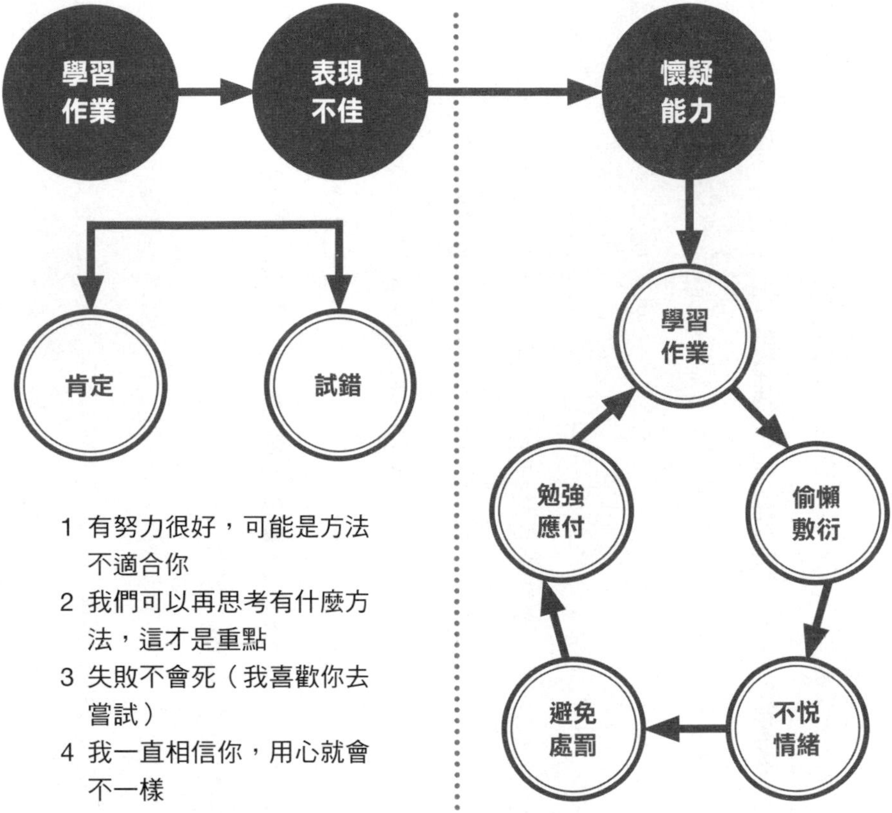

1 有努力很好，可能是方法不適合你
2 我們可以再思考有什麼方法，這才是重點
3 失敗不會死（我喜歡你去嘗試）
4 我一直相信你，用心就會不一樣

任何人不管有沒有努力，遭遇挫敗都會難過。這種難過跟努力無關，而是因為在乎事情的成敗與評論，是這份在乎的念頭帶來失落與難過，而「努力」是孩子不想再次挫敗而做出的補償。**所以「會難過」反映出孩子的在乎，「不想再難過」帶出下一次改進的機會。**可惜的是，我們很容易忽略這些情緒所帶來的力量。

「不努力，所以沒資格難過」這句話說穿了，其實是在對孩子說：「你沒有按照我的標準（期待）去做，失敗了活該，沒資格討拍。」大人之所以這麼說，是自己也被孩子不順從的抗拒給傷到了，因此做出反擊；而孩子發現不順從就會被責備，於是他學到的不是承擔責任，而是順從，因為這樣才能逃避責任。

家長若想要陪伴孩子消化這種難過，或許該先好好消化自己內心的情緒，再來引導孩子一起討論。**陪伴孩子消化難過時，不用冠冕堂皇或正向積極，只要表達你的理解跟認同就好，**可以這樣說：「你會難過是合理的，如果是我，也會難過。我們之所以難過是因為『在乎』——在乎結果、在乎別人的看法。難過時就好好去消化它。」你別期待孩子聽完同理後能馬上復原，精神抖擻。消化都需要時間沉澱，靜下來和自己的內在進行對話。

跳出負向學習循環

家長要先看清楚孩子跟自己無力的處境。只要孩子懷疑自己的能力，就會掉進前面提到的負向學習循環，因此，我們要先跳出前兩頁圖片虛線右邊的框架，重新回到左半部，和孩子進行討論。

我們不用跟孩子爭論他是否有能力，因為若沒有任何證據的基礎，孩子也很難說服自己；而我服務過的大部分孩子都認為，父母之所以肯定他們，就只因為彼此是家人。不過對任何人來說，「肯定」都是甜美的，而我們可以試著加入以下幾種元素，透過這些肯定，建立孩子心理的挫折復原力。

肯定整個過程中的任何投入

無論是否情願，每個孩子把挑戰（作業、考試或比賽）完成，不管成績是多少，每一分都是孩子自己爭取來的，沒有浮報。因此，家長可以試著在這部分表達認同，肯定孩子的努力。

昇華失敗的意義

失敗的確很傷人，基本上每個人都會因此受到衝擊，因為他的自我價值感遭到失敗質疑而動搖，這也是為什麼我們要給孩子時間去消化的原因。

至於**從失敗中復原的方向之一，就是轉變看待它的角度**。失敗是有正面生產力的，它能帶來升級，就像是玩電動打怪賺經驗值一樣；只是真實人生的打怪，是在失敗中賺經驗值，累積夠了才能升級。請這樣思考：「失敗不是壞事，賺到經驗值就可以升級了。」

區分能力與方法

當事情確定失敗時，大部分的人會直覺歸咎於自己的能力不足，孩子尤其如此，所以在這階段，把能力跟方法做區分是有意義的。能力牽涉到對自我的評價，方法則是回歸到執行的技術面。當我們認為是能力的問題時，就會陷入對自我的否定；**當我們把焦點放在技巧跟方法時，則會去尋找新的施力點。**

所以家長可以試著這樣對孩子說：「你有潛能，也有機會做到。這次失敗，或許是要我們了解一件事：過去採用的方法，似乎一直達不到想要的效果。我們可以再想想別的方法。」討論具體的方法與技巧、列出策略清單等，都是可行的方式。而在這個過程中，孩子多少仍會有低落的情緒，別急著要他快速平復，讓他消化這些情緒很重要。

消化焦慮，灌注相信

大人心中往往對孩子的能力有許多懷疑，因此看到孩子的表現不如預期時，心中難免會跟著焦灼。當我們能夠看清楚自己的這些焦慮，並且好好消化它們，才可能給予孩子邁向成熟、獨立的空間。

灌注相信並不是說孩子下次一定會更好，而是相信孩子具備獨特的優勢，只要他願意發揮，一切都會有不一樣的可能。事實上，人類這種生物是很會被催眠的，這在心理學上叫做「自我應驗預言」（Self-fulfilling prophecy），又稱為「畢馬龍效應」（Pygmalion Effect），也就是當你由衷相信孩子好，孩子就會逐步表現出好的一面。

耐心觀察孩子的改變

觀察孩子的行為改變時，通常要看他在一段時間內改變的趨勢。因為一個人在解決困難或挑戰的時候，需要時間醞釀、準備與思考，所以行為的改變是要花時間的。如果今天才說完，明天就改變，這種大徹大悟的行為若不是遭遇天大的變故而開悟，往往只是短暫的敷衍或應付。

缺乏學習自信

有不少孩子本身的自信心不足。如同我們前面所說，跟自信心有關的兩個面向，分別是自我價值感與自我效能感，兩者都會影響孩子學習的整體表現。在兒童與青少年階段，自我價值感與自我效能感都是不穩定的，有時受到同儕的影響，有時受到心情的影響。

一旦面臨孩子學習動機低落的情形，自我價值感與自我效能感是需要優

先思考的部分，這意味著孩子在學習過程中遇到了阻礙，很需要家長進一步去理解，看孩子有沒有生活中的困擾，例如人際關係、感情問題、霸凌、孤立、學校或家庭的其他壓力等，這些事情如果沒有解決，孩子也很難專心學習。

對於自信心不足而學習低落的孩子來說，學習挫折往往也是自我效能感低落的原因，因此，我們可以把焦點放在孩子目前有興趣或努力的領域，帶入成長心態。

比方說，孩子對於語文領域的學習動機低落，但在某些藝術領域有不錯的表現，這時家長不太需要去責備孩子的語文表現，我們可以把焦點放在肯定孩子對藝術領域的投入，因為他在這裡清楚展現了自己的潛能或努力（哪怕只是微不足道的準備，也都是他用自己的時間換來的），所以我們可以用成長心態的概念和孩子分享（請見下頁圖片）。

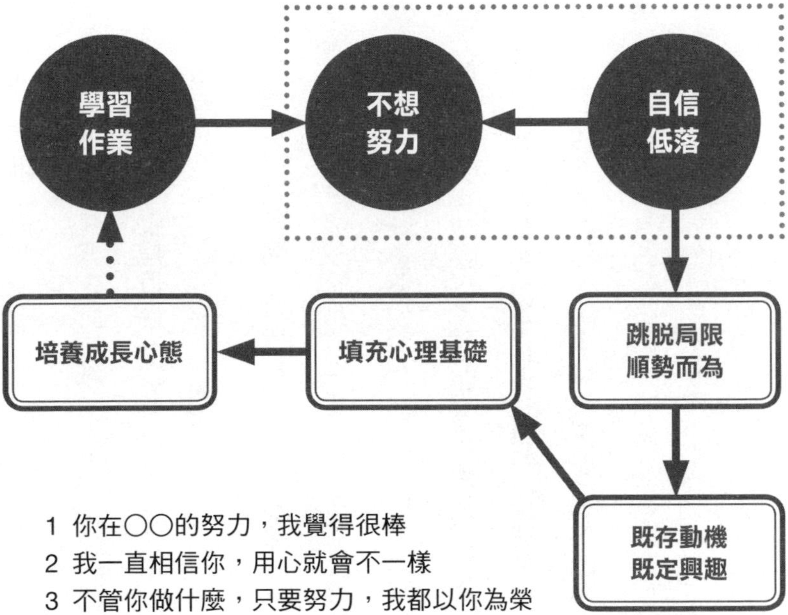

1 你在〇〇的努力，我覺得很棒
2 我一直相信你，用心就會不一樣
3 不管你做什麼，只要努力，我都以你為榮

肯定孩子投入的態度

請千萬別蔑視孩子在非主流領域的表現，也別貶抑孩子感興趣的領域，因為「投入」本身就是值得一輩子保有的人生態度，家長務必肯定這個部分。

孩子未來想在任何領域勝出與有所成就，都需要堅毅的努力為基礎，我們不要搞錯重點，目標在於為孩子建立成長心態，這種心態帶到任何領域與職涯中，都是至關重要的成功因素。以過去的經驗來看，**不少孩子在某個領域中的努力與成果，若是有機會被懇切的看到、被由衷的肯定（成長心態），孩子的努力也會有相當程度移轉到人生態度中。**

如果孩子著迷於學校以外的領域（例如網路實況、電競等），家長的擔心是合理的，目前有關網路影響的研究，尚未得到一致的結果，因此需要更謹慎的和專家諮詢為佳。

表達對孩子的信任

大部分孩子在學習領域的低落，有各式各樣的可能，但不論原因為何，都是挫折累積的結果。孩子在已經試圖的努力中，看不到值得受肯定的表現，所以被匱乏、厭倦與逃避的感覺籠罩，這種放棄或低落也會引發家長內心的焦慮，導致親子陷入對立跟衝突。

這時，表達對孩子的相信：「我相信你，用心就會不一樣。」很可能是扭轉情況的重要關鍵。事實上，我們對孩子的相信，或許是他在真實生活中，少數能獲得支持的重要來源了。如果連最重要的父母都放棄相信孩子，孩子將會被內心的無助與懷疑吞噬。

相信的重要性

在談相信的重要性之前，先分享一個小故事。

在二次世界大戰期間，擔任美國陸軍軍醫的畢闞醫師（Henry K. Beecher）跟隨部隊前往義大利，負責手術麻醉的任務。當時美軍在攻占南義大利的過程中，由於產生大量傷患且補給有限，手術麻醉劑很快就用完了，但手術仍需要進行。在缺乏麻醉劑的情況下，有些醫護人員只好為要接受手術的傷兵注射生理食鹽水，然後安撫對方，說他已經接受了麻醉劑。

結果，這些傷兵的反應讓畢闞相當疑惑：不少相信自己接受麻醉的士兵，確實減緩了疼痛的反應，但他們只有注射生理食鹽水而已！畢闞對這現象很是好奇，想了解究竟是什麼東西代替了麻醉劑，讓人產生主觀的改善？

經過嚴謹的研究後，畢闞在一九五五年把研究成果寫成論文發表，這是一篇劃時代的重要發現，研究標題就是〈安慰劑的強力效果〉（The Powerful Placebo）。安慰劑效應指的是，病人雖然獲得無效的治療，卻因為「相信」治療有效，而讓症狀得到舒緩的現象。「Placebo」的拉丁文意思是「我將得安慰」，因此這種由於心理上相信而帶來實質效果的狀況，就是安慰劑效應。

後來，安慰劑效應在許多醫學領域不斷被發現，麗莎．蘭金（Lissa Rankin）醫師在其著作中，也曾提過一個令人印象深刻的例子。一位擅長膝關節疼痛的外科醫師透過實驗的方式，為病患進行假手術，也就是讓病患接受麻醉，整個過程擬真到彷彿開了一場治療性手術，甚至有切口、縫合等過程，差別只在沒有真的對患處進行處理。然而，接受假手術的患者中，有三分之一的人表示疼痛有改善——這跟接受真手術患者改善的比例幾乎一樣，實在是令人匪夷所思。

從這些例子中，我們可以發現一件事，**那就是信念（或相信）對一個人的影響著實強大，有時甚至可以超越生理狀態，帶來實質的影響**。相信，是非常強大的精神力量。

既然相信具有如此顯著的力量，那我們相信的內容，是不是就變得更重要了呢？當你真切相信一件正面的事，它可能會對你帶來好的影響；反過來說，當你同樣很執著的相信一件負面的事，像是「愚笨無藥可醫」、「能力是先天就決定好的」、「孩子就只會找我麻煩」、「孩子什麼事都做不好，存心偷懶」，這些念頭帶來的影響，也會相當的強大而深遠。

相信能帶來祝福與改變

雖然我們知道相信的影響力，但是要真誠的相信一個人，實在是很困難的事；而要真誠相信常常讓我們生氣又失望的孩子，更是難上加難。

大多數人不太會輕易相信，這是因為一旦給出相信，就意味著我們把自己內心最潔淨的一部分讓渡給對方，那是不容許汙點的聖地，同時也是脆弱而毫無防備的地方，信任一旦被破壞，將會留下難以平復的傷口。我們很難給出相信，因為始終害怕被傷害。特別是回過頭看著好逸惡勞、忘東忘西、敷衍逃避、說謊連篇的孩子，能不動怒就已經謝天謝地了，要相信孩子根本就是天方夜譚。

另一方面，我們之所以不相信，往往是因為對孩子有太多的焦慮，所以吞噬了我們對孩子的相信。就以起床為例，不少家庭每天光是叫孩子起床，就耗掉了不少時間。我們被有限的時間逼迫，背負著趕不上的壓力，一緊張就用盡各種方法介入，想辦法讓孩子能準時起床出門。在這種倉促之間，我們愈是介入，就愈難相信孩子能夠自理。

所以，**焦慮跟相信其實是相互消長的兩面，當焦慮降低，相信的比例就會提高；相信的比例提高，自我應驗預言的效果才會漸漸浮現。**

試著問問自己：你是否相信，人有一部分天生良善的成分？你是否相信，人有追求自我成長的動機？你是否相信，人們渴望從別人的目光中，找到自己存在的價值？你是否相信，人期待看到自己有值得被喜愛的一面？

如果你的答案都是肯定的，那這份相信就應該在孩子的身上萌芽。如果你相信孩子的用心終有意義，這就是祝福；要是你的相信中帶著標準，那就是束縛。

把相信的信念，經由你傳遞給孩子，本身就是種祝福，因此不妨告訴孩子：「我相信，只要你用心，事情就會不一樣。」根據杜維克的說法，其實在人生的任何階段，都有可能從定型心態跨越到成長心態，前提就是我們必須覺察到自己的思維，並且將那些定型心態的句子，替換為成長心態的模式。你必須深刻的相信一件事：**你與你的孩子，都有機會可以讓自己變得更好。**

算命，真的有意義！

在開始進入主題前，我要先請你做一個簡單的性格心理測驗，這份測驗是依據我多年來臨床工作的大量觀察所製作，因此請務必依據自己的實際情況做答，不要草率。做答完畢後請對照答案分析，看看測驗結果跟你對自己的理解是否接近。

性格心理測驗

有一天傍晚，你散步時走進一座陌生的森林，你不知不覺來到森林深處，回頭發現已找不到原來的路。你感到有點擔心，怕自己找不到回去的路，此時天色也開始變得有點暗了。

突然，你看見林中深處似乎有間茅草屋。走近一看，簡陋的茅草屋上有煙囪，煙霧正冉冉從煙囪中飄出來。你隔著茅草屋的窗戶往內望，屋內燈亮著，有人影在窗邊晃動，並且隱約傳來陣陣的交談聲或爭執聲，你不是很確定。這時候，你的反應會是？

A 直接前去敲門，詢問屋主出森林的路

B 先在門外觀察一會，再敲門向屋主借用電話聯絡家人

C 轉頭往回走，不求助

你的選擇是什麼呢？看看答案是否跟你的性格一樣吧！

選A的人

你自認是個遇到問題會想嘗試解決的人，不過有時礙於某些情況難以實現。對於由衷堅信且確定的事情，你多半能為自己做出適度的辯護與堅持，但也不會到固執的地步。你自覺對關係相當重視，大部分時候，你能維持尚且滿意的品質。

選B的人

大部分時候，你做事算謹慎，不會太過躁進，不過有時回顧自己處理的事情，會後悔自己有些地方應該可以做得更好。關係對你來說是很重要的，有時候身邊親友或同事的反應，會影響你的心情。

選C的人

對於不太有把握的狀況，通常你會比較保守去面對，試圖避免失敗的結果。關係對你來說有輕重的區別，面對不熟悉的人際場合，你的內心有時會在意自己的表現是否得當。

當你看到答案解評時，覺得跟自己的狀態有沒有相似呢？請你評估一下，從〇到五分，愈高分代表愈相似，它有多符合你的實際狀態呢？

請在這寫下你的分數：＿＿＿分

有些讀者可能會覺得，這些描述跟自己的狀態相當貼近，這份性格心理測驗，究竟是如何探索到我們的狀態呢？

性格心理測驗的真相

在進一步分析心理測驗前，我要分享一個歷史上的心理學小故事，它為我們對人性的了解，帶來了很重要的啟發。

在二次世界大戰後，佛瑞（Bertram Forer）結束軍旅生涯回到美國，開始一邊在精神科醫院工作，一邊從事自己在戰前的主業：心理學研究。

佛瑞對人格心理學有自己的看法跟心得，有一次他向全班學生實施一份人格測驗，結束後把測驗表格收回來批改，並且針對每份測驗結果製作獨立的評估報告。到了下一次上課，佛瑞把這些評估報告發給所有學生，並請他們評估測驗結果是否符合自己的狀態，評估的方式從零至五分不等，如果認為愈像自己，就給愈高分。

當全班學生打完分數之後，佛瑞計算發現，平均分數差不多是在四．三分左右，以滿分五分來看，這是非常高的得分；也就是說，所有學生普遍認為他們拿到的評估報告，和自己人格契合度高達八成。而這份非常厲害的人格測驗，還有一個特別之處，也是我要和讀者們分享的重點：

全班同學拿到的人格測驗報告結果，都是一模一樣的內容！

你可能會大感詫異：「每個人都拿到一模一樣的內容？」是的，佛瑞發給全班的報告都是一樣的，而且內容還是從當時報紙的占星專欄抄下來的，像是：

- **你滿需要別人喜歡、羨慕或尊敬你**
- **你對自己有時候要求很嚴格**
- **你對於性這件事，有感受到某些個人的困擾**
- **你給人的感覺是自制的，但內心缺乏安全感，同時懷疑自己的表現**
- **你有時表現得很外向，但有時又是內向而保守的**

當時接受測驗的學生，每個人拿到的報告就是以上這幾點，而他們都對這份報告表達高度的滿意與認同。不知道你有沒有發現，上面的每一句話，如果拿來形容你，會讓你覺得似乎有點像在說自己。

為什麼會這樣呢？因為這些描述之所以讓人感到熟悉，是因為它們說得實在是太含糊了，怎麼說幾乎都通，模糊到可以用來形容任何人，所以我們可以在這些描述中看到類似自己的狀況，也難怪會有一種貼近的感覺。

從本章節開頭的性格心理測驗到目前的整個現象，在心理學上有個專有名詞，叫做「巴南效應」（Barnum effect）。

所謂巴南效應，就是我們如果認為這些描述專屬於自己，儘管它們可能含糊不清，我們仍會高度認同。這就很像如果有人拿你的生辰八字去算命，然後跟你說了一串結果，你也會傾向相信那些內容。

巴南效應的啟發與應用

為什麼人類會有這種傾向呢？從科學角度來看，人類是群體的動物，所以如果我們想在群體中活得好，就要能夠接受別人的看法跟回饋，並且在這過程中受到別人影響，讓自己和團體有一種協調的狀態。不過如果再進一步思考，你會發現，我們之所以認同這些模糊的描述，不正是因為我們其實並不真正了解自己嗎？

我們雖然對自己有濃厚的興趣，同時卻因為不了解自己，所以會期待從別人身上得到回饋；因為不了解自己，所以會從別人的反應，猜測他們對我們的評價；因為不了解自己，所以會在乎別人怎麼看我們，隨時都受到別人的影響。因為，我們並不像自己所想的那麼了解自己，但又熱切想要了解自己。

巴南效應讓我們看清楚一件事：**我們對自己有興趣，卻不了解自己，渴望從別人的回饋中看到自己、完整自己。**不過巴南效應帶給我們的啟發不只如此。

在後續的心理學研究中，我們逐漸累積對巴南效應的了解。目前的研究大致認為，如果符合下面三個條件，巴南效應的影響會更明顯，也就是受試者會對那些以為跟自己有關的描述，給予更高的認同。三個條件分別是：

- **受試者相信這個分析專屬於他**
- **受試者相信對方（描述者）的權威地位**
- **當內容集中在正面描述時**

簡言之，如果你相信這份描述只屬於自己，而且描述者有權威地位，內容是正面描述時，你就會更認同這些內容。

了解這些條件之後，對我們又有什麼意義呢？請再重新思考上面三個條件：專屬於自己的描述、說話者是權威角色、正向內容為主。現在我們把這三個條件換一個場景，搬回家庭裡，用家中的角色來思考這三個條件。你可能發現了，換到家中的場景，不就是家長（權威角色）對孩子（專屬於對方）的肯定與相信（正向描述）嗎？

這時如果我們再把前一章節提到的安慰劑效應加進來，事情就更清晰了：安慰劑效應讓我們了解「相信」的力量多麼強大，巴南效應則讓我們看到別人的肯定與回饋多麼重要。將兩者放在一起，我們得到一個簡單的公式：

相信＋肯定（回饋）＝能力的萌發

如果你也看懂了這些對應的關係，相信應該也知道該怎麼做了。一旦你清楚了，事情永遠都來得及，現在就差你的一步：行動。

至於一開始的性格心理測驗，不管你做出來的結果如何、認同的程度有多少，我必須承認，這只是為了說明巴南效應而臨時編出來的測驗，沒有任何參考的價值與意義。

如果傷害到了你的信任，我很抱歉，但本書一經售出，概不退貨。

第 4 章

人際關係

對人類這種社群動物來說，
人際關係是生命中必要的條件；
人際關係的品質與好壞，
往往是決定心理韌性強度的重要關鍵。
其中，安全堡壘、溝通傾聽及設定界線，
是人際關係中相當重要的元素，
也是家庭的核心功能。

心理韌性的基石

對這世界上的任何生物來說，陽光、空氣、水是三個不可或缺的必要條件；對人類這種社群動物來說，人際關係也是生命中必要的條件。我們生活在關係當中，受到關係的滋養、撫育，同時也受到關係的傷害，關係對我們的影響實在太過巨大，以致於生命中的任何事件，幾乎都跟關係有緊密的關聯。

因此在第四章，我想跟讀者談在家庭之中，人際關係與心理韌性的影響，以及我們可以怎麼培養跟孩子之間的關係，並且建立孩子自己的人際關係。

人際關係與心理韌性

多數人談到人際關係，都認為它很重要，因為一個人的人際關係好壞，會影響到他以後的學習甚至職涯發展。至於人際關係還有什麼重要的面向，很少人會想到，原來它跟心理韌性也有密切的關聯。

國內外已有非常多的研究一致指出，**不管是兒童、青少年還是成年人，人際關係的品質與好壞，往往是決定心理韌性強度的重要關鍵之一**，但人際關係往往也是容易被我們忽略的部分。因為我們常常以為，心理韌性應該是孩子本身的特質，忘記它也受很多外在條件的影響。

為了讓你更清晰心理韌性的輪廓，在這邊請容我稍稍介紹兩個簡單的概念：資產（asset）及資源（resource），這兩個詞在經濟學上有很嚴謹的學術定義，不過我只是借來做簡單的說明，還請別太嚴苛看待。

簡單來說，我們可以把資產看做是一個人擁有的內在能量；資源是一個人擁有的外在能量。這種劃分方式很粗糙，不過有助於我們理解心理韌性的概念。如果用公司來比喻，資產就是這家公司用來生產產品的設備、人力、制度等，而資源就是公司在外面跟別人競爭時所擁有的優勢，像是現金、人脈、合作廠商等，因此公司的資產如果運作得好，就能幫公司賺進更多資源，然後進一步汰舊換新，買來更好的設備、招募更優秀的人才，賺進更多的資源。

現在，我們對資產跟資源有了概念之後，就可以套用在心理韌性了。本書前面幾章介紹的概念，不論是自尊、自我覺察、自我效能感、自我接納、成長心態等，就像是孩子的內部資產，這些資產愈豐碩，就愈有跟其他人競爭的優勢；而人際關係比較像是一種外部資源，能帶來更多有助於孩子發展的機會。

不過想要有助益的人際資源，孩子的資產也很重要，因為有了好資產，就有機會得到好資源；同樣，優勢的資源也會進一步使資產升級。

當然，有些東西既可以是資產，也可以是資源，不過我們就不用嚴格的去區分，最重要的是，我們因此知道**心理韌性有內在條件，也會受到外在影響，而內在資產與外在資源彼此又會形成循環。**

所以，不管是資產或資源，兩者對心理韌性都有很重要的影響（請見下頁圖示）。這也就是為什麼人際關係很重要。你可能會好奇，人際關係是如何影響孩子的心理韌性呢？這可以從兩大面向來談。

人際關係資源的兩大面向

當我們講到人際關係資源時，其實有兩個理解的角度，分別是孩子在家庭中的人際關係，以及家庭以外的人際關係，這兩大面向構成了孩子心理韌性的核心。

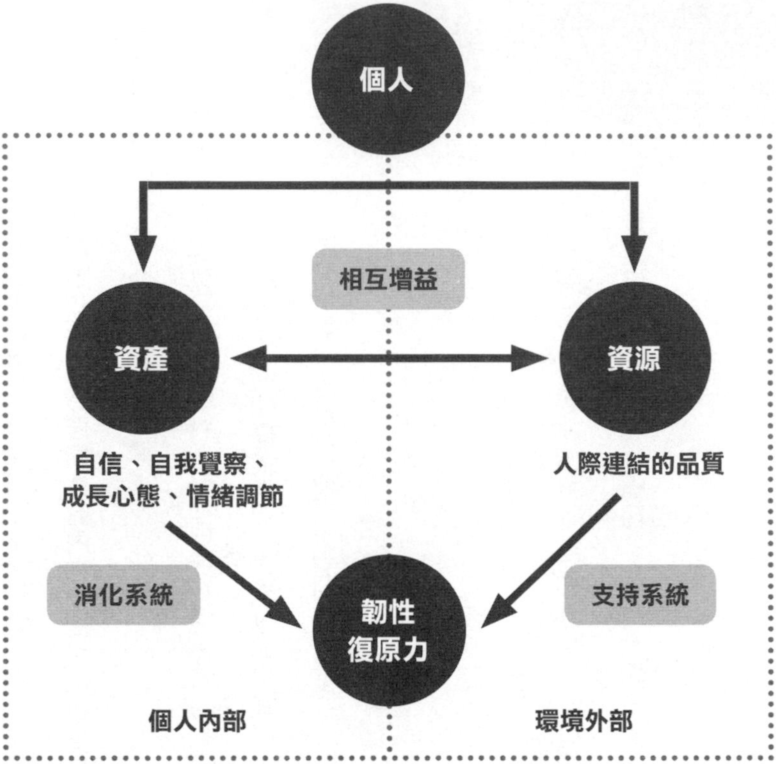
個人
相互增益
資產
資源
自信、自我覺察、
成長心態、情緒調節
人際連結的品質
消化系統
韌性
復原力
支持系統
個人內部
環境外部

安全堡壘：早期家庭中的人際關係

為什麼安全堡壘對孩子是重要的？如果缺乏安全堡壘又會怎樣？可以用一個簡單的例子說明。不知道你有沒有逛過鬼屋？園遊會或遊樂園有時候會有鬼屋設施，只要花一點點錢，就可以好好體會嚇破膽的感覺。一進到漆黑的鬼屋裡，伸手不見五指，身處在詭譎的氣氛中，任何地方彷彿隨時會冒出嚇死人不償命的鬼。在逛鬼屋的整個過程中，我們心中不斷疑神疑鬼，感覺任何一點動靜，都會出現恐怖的東西，這就是多數人的鬼屋經驗。

當你覺得屋裡都是恐怖的東西時，就隨時處在一種戰戰兢兢、小心翼翼的狀態，每個東西看起來都很恐怖又嚇人。而一個缺乏安全堡壘的孩子，看待世界時的心情就類似如此：整個世界令人緊張又焦慮，每個人似乎都不懷好意、難以信任。他們看待這世界的人，總是難以放心的全然信任，感覺似乎在提防著什麼似的。

我們不難想像，當一個人內在缺乏充足的安全感，在每段關係中就顯得相當謹慎又擔心，深怕一不小心就會被傷害，於是變得抗拒嘗試、抗拒和別人互動、抗拒與人有深入的交流……不斷透過封閉來保護自己，反而逐漸將世界愈推愈遠。

社會需求：孩子環境中的人際關係

家中的氣氛、教養的風格，以及與家人互動的品質，塑造了孩子的價值觀、情緒核心與行為表現。當孩子開始慢慢擴展自己的生活圈，家庭以外的人際關係也隨之而來。

孩子出現了社會需求，開始跟不同的人來往、學習跟不同的人溝通、見識自己不懂的世界，並且透過跟各式各樣的人互動、相處來認識世界，並且覺察自己。因此，對大部分的孩子來說，學校或安親班就是一個人際修練場。

在修練人際關係的過程中，孩子將會逐步嶄露他的特質、價值觀、情緒與需求，並且透過與同學、朋友的互動往來，滿足被接納、融入好關係的渴望。這些經驗都是孩子日後累積人際關係資源的重要元素。

人際關係，質比量更重要

在人際關係中，很多孩子會陷入「量」跟「質」的迷思，我們大人也會有類似的迷思，像是在乎孩子會不會交朋友，是不是很受歡迎，朋友多不多這種「量」的問題。但事實上我們看孩子的人際關係，只要先掌握到「質」的關鍵就好，也就是孩子有沒有辦法維持一段好品質的人際關係、在每一個階段有沒有辦法與朋友維持長期的關係、有沒有辦法信任別人、獲得別人的信任，在信任的基礎上深入交往，這些都是「質」的指標，至於朋友多不多、受不受歡迎，都不是最重要的事情。

人際關係的核心基礎

我從事心理治療許多年，曾看過大大小小在心理上受傷的孩子。探究之下，孩子受傷的原因多半來自於家中大人，各式各樣的親子衝突、教養問題、個人議題，乃至於家庭變故、司法案件或種種原因……爸媽因為本身的生命問題而在教養上出現困難，導致孩子在衝突又有毒的家庭氛圍中長大。原本應該充滿關懷與陪伴的家，因為大人的問題，使得孩子連同付出慘痛的代價。

在陪伴孩子的過程中，我最常看到的情緒是憤怒，那是一種深深的無奈與失落，因為在關係中一直受傷，得不到撫慰，為了保護流血不止的傷口，而讓憤怒成為一種防衛。許多孩子內心是無力的，因為他無法處理大人現實生活碰到的問題，卻又必須承擔家人的情緒；在得不到大人關注的情況下，很自然的開始懷疑、否認自己的價值，被迫相信自己不值得被愛。

對孩子來說，這種懷疑是撕裂心靈的痛，也是憤怒的核心。無奈的是，生命本身沒有太多商量的餘地，孩子帶著傷被拋進來，只能怨懟。這也是為什麼在家庭的親子關係中，有非常需要我們重視的三個核心議題：安全堡壘、溝通傾聽、設定界線。

安全堡壘（信任）

還記得我在上一章節提到的鬼屋嗎？爸媽的關係品質會建立孩子內心堡壘的模樣，而這堡壘將影響孩子與外在環境的互動關係及品質。

對孩子的發展而言，頭幾年的首要健康任務，就是建立內在的心理安全堡壘，這是非常重要的事，因為**孩子內在世界有足夠的安全感，才有能力與資源去和外在世界進行優質的連結。**因此，當我們面對孩子的各種狀態時，能夠成熟接納他的情緒、適當回應其需求——不管是生理或心理上，對孩子來說就是一個夠好的存在。

不過，在教養資訊大量充斥的網路時代，許多家長很用心且努力的跟著網路上的專家學習，以專家的建議為依歸，於是經常不自覺懷疑自己是否沒照顧好孩子，是否和專家不一樣等，以致於心中總是感到自責與愧疚。

其實，你並不需要成為完美的父母，就如我在第一章提過的，父母的存在本身對孩子就是夠好的狀態。不過，如果你希望自己能夠更充實孩子的內在，可以嘗試第二個方法。

溝通傾聽（同理）

在親子關係當中，如果家長能夠傾聽，讓孩子表達自己的想法、感受或情緒，就是在幫助他建立溝通能力。因為孩子有了表達情緒或想法的機會跟經驗，在表達過程中不但跟自己的狀態貼近，同時也不會迴避面對自己的內在，於是開始從自身體驗到情緒，理解到情緒，並且開始尊重情緒的存在，不貶抑也不否認，甚至開始可以學著觀照他人。

在這個情況下，親子之間的互動其實就有了很厚實的基礎，就算碰到衝突，我們也能如實去觀照孩子的情緒與需求。**在家庭中發生衝突並不是壞事，關鍵在於我們處理衝突的方式，到底是成事還是敗事。**以我自己的經驗為例，有次我和孩子因為對作業的品質意見不同，彼此起了衝突，而青春期孩子生氣的方式，最讓人惱火的往往是姿態，過程中孩子說：「好啦！我會試著盡力。但你們就不要管我沒有認真了。」

孩子把這兩句話放在一起說出來，讓我有一種被石頭砸到的感覺，心裡第一個念頭是：「又來了，話都不能好好說，用這麼賭氣的方式做什麼？」火氣也跟著升上來。

不過，我試著把孩子的這兩句話分開來理解，覺得清晰一些，隨後展開以下的對話。

我：「我接受你的第一句話，不過你後面那句氣話，我也接受。」

孩子：「我哪有說什麼氣話？」

我：「你說你會試著盡力，那是你的承諾；又說我們不要管你沒有認真，這是在對我們生氣。」

孩子：「我就沒有生氣呀！」

我：「但是你這兩句話其實是矛盾的，不是嗎？」

（孩子聽我簡單解釋矛盾的地方，沒有反駁）

我：「你在生氣，而我說接受你的生氣，因為是我們對你提出期待，你勉為其難的接受，但不甘心，所以對我們生氣，這是我們自己要承擔的部分。不過如果你覺得生氣或委屈，可以直接說你很生氣。我覺得你對這件事生氣是合理的，換做是我也會不舒服，覺得被東管西管，你第二句話想表達的不就是這個嗎？」

孩子：「嗯。」

（孩子眼神低垂看著地板，沒有說話）

我：「你有權利對我們生氣，因為你要對我們的期待做出回應，那不是你想要的，而我們接受你的生氣，因為生氣是正常的。只是你可以練習更直接表達生氣，剛剛那種說法比較像是賭氣，而不是在表達生氣，你覺得呢？」

孩子：「嗯，我知道了。」

每次跟孩子談話，我都覺得溝通真是一種很不簡單的修為，因為大部分火氣一上來，就像是飛彈升空直接打擊目標，然後雙方都爆炸。我和青春期孩子的溝通，情緒總是來得很快，我試著在自己的情緒裡多覺察一點，慢慢發現憤怒的情緒中，有一部分是厭惡控制被違抗、被掙脫的感覺。稍微碰到這個部分後，我心裡就開通了一些，情緒也跟著緩和一些，好像開了一個氣孔，讓脹滿的空氣慢慢洩出去。

同理孩子之前，先理解自己

同理，並不代表我們一定要很到位的理解孩子的觀點或感受，這其實也是不可能的事。我們唯一能夠做的，只是試著貼近自己的心情，觀照情緒的感受跟流動。**當我們能夠看見自己的狀態時，才有可能開始理解孩子的心情。**不過，大部分家長應該都有同一種感覺，就是我們自己都已經很生氣了，怎麼還能去理解或同理孩子呢？

這部分我完全同意，但我們可以試著理解一下，自己為什麼對孩子的忤逆如此生氣。不妨回想看看，你還記得孩子剛出生時的情況嗎？那是多麼神奇的時刻，一個生命就這樣來到世上，在你眼前展開。也就是在那一瞬間，一種深刻的永世連結就在親子之間產生。

我們看著孩子的一切都是美好的，而新生兒的脆弱跟無瑕，讓我們由衷擔心他會受到這世界的傷害，哪怕只是一點點危險，都足以讓我們的心糾成一塊。於是身為父母的直覺就是「保護」，這是一種愛護與擔心揉合成的複雜心情，是一種出於對脆弱的疼惜，一種對無能的捍衛。

「保護」沒有標準跟界線，它會漸漸演變成控制——因為需要保護，所以必須全能。一旦保護披上了控制的面紗，就以全面介入的手段展現其意志，它沒有妥協的空間，因為焦慮不曾停止。

這種控制會蔓延到孩子生活的每個層面。當孩子出現抗拒時，意味著他將要掙脫「保護」，這讓我們焦慮，隨即被憤怒掩蓋，因此對孩子生氣：或許是氣孩子我行我素，或許是氣自己成為孩子受傷的元凶。

有了這一層次的理解，我們就會理解到，自己對孩子的掌控，是如何一步步由呵護與保護演變而成。雖然對孩子的掌控絕不是只有單一原因，但**當我們試著體察到自己生氣背後的狀態時，就是一種自我覺察、貼近自己的開始**。我們要先關照自己，才能給自己力量去貼近孩子。

所以，當你因為孩子的忤逆而生氣、憤怒時，儘管背後有各式各樣的原因，但其中一個是來自於你的天性。你在擔心什麼？是什麼讓你這麼擔心，以致於要用憤怒來表達？或許這是衝突當下可以探究的問題。

設定界線（抗拒勒索）

情緒勒索（Emotional blackmail）是心理學家蘇珊．佛沃（Susan Forward）提出的概念，意思是我們把自己的需求強加在別人之上，當對方拒絕我們的需求時，則透過威脅、貶低、壓迫的方式，造成對方的罪惡感或內疚感，然後順從我們的要求。

在我的臨床經驗中，情緒勒索並不少見，有些大人會不自覺用權勢壓迫孩子，或是從道德高點指控孩子，讓他們遵從需求或期待。當孩子不順從時，家長會把控制層級拉高，開始透過威脅、侮辱或傷害自己的方式脅迫孩子，像是說：「把你生下來，根本就是讓你來糟蹋我。」「你不做沒關係，反正是我的錯，該死的人是我。」這種反應與態度會造成孩子的罪惡感，使他為了減輕這種不舒服的感覺，決定順從大人。

在這種關係中，孩子自己的界線很容易被大人勒索，深深覺得若不順應對方的情緒，就會有罪惡感，孩子的自我也因此受到壓抑。然而，孩子本身其實不會意識到自己被勒索，卻又常常處在一種很矛盾的內在衝突，當他試著順從自己的意願時，總會充滿罪惡感，心裡慢慢浮現一種自己不值得的感覺，這往往會造成孩子內心不小的創傷。但是，為什麼我們就是常常會不經意展現勒索呢？我有幾個粗淺的看法。

一、我們這一代被勒索的後遺症。我們小時候不被允許表達自己的負向情緒，因此當看到孩子展現他的負向情緒時，我們對這種情緒是處在陌生又漠然的疏離狀態。這種陌生，讓我們慌張無助，那種我們過去不被允許的經驗，如今在孩子身上展現時，彷彿要吞噬了我們。

二、我們這一代成長中的被勒索，讓我們對負向情緒存在一種認知上的誤解，認為負向情緒是不好的，是有破壞性的、是危險的，所以孩子展現出負向情緒是不對的、是危險的，這種「危險」或「不好」讓我們本能想要「淨化」它，而忘記情緒沒有好壞之分。

三、依據我們自己的經驗，情緒勒索相當快速有效，幫我們迅速處理眼前失控的狀態，減少焦慮，因此它不僅能控制眼前的狀態，也能減緩我們內心的慌張，那些是我們自己過去不被允許體驗的情緒。

情緒勒索可能在不經意間就發生了，做為家長的我們有可能及時覺察，及時叫停嗎？有一個思考方向，是我們可以試著去覺察。就是覺察對方（孩子）如果拒絕我們，是不是需要承擔我們施加在他身上的威脅，如果對方的順從是因為要降低威脅帶來的擔心，那我們可能已經踩在勒索的黃線上。

因此，我們一起練習自覺，覺察孩子是不是正在為你的情緒負責？當你不把自己的情緒丟到孩子身上，讓他去承擔不接納的後果時，或許我們就開始在自覺的路上前進。

安全堡壘（信任）、溝通傾聽（同理）及界線是人際關係中相當重要的元素，也是家庭的核心功能。對每一個孩子來說，這一切都會成為他日後人際關係很重要的資產，影響其人際關係的品質。

在家中培養孩子的人際關係

我們都希望孩子擁有良好的人際關係，不過如果仔細往下想，究竟什麼是人際關係呢？你會發現這是很難一言以蔽之的問題，隨著不同情境、不同對象、不同需求，就會有不同的表現跟反應。人際關係實在是太過複雜，以致於我們無法簡單定義。

如果回到一般性的人際關係中，目前我們大概比較能接受的說法是：人際關係是一段歷程內，人跟人之間任何形式的互動，建立起心理連結，關係的品質同時受到個人、環境與社會文化的影響。

從心理學的角度，人際關係大概有幾個特點：

- **人際關係的發展是一個動態改變的過程**
- **人際關係多半透過語言與非語言的表達來建立**
- **人際關係的核心品質，決定於心理的連結強度**

將以上三點整合起來，可以得到一個結論：人際關係的核心在於人跟人心理連結的品質，而我們透過溝通（語言或非語言）來建立連結，這是一個漸進式的改變過程。

因此我們會發現，決定人際關係的重點，往往不只是「會不會說話」這種技巧的層次，也不是一下子就能建立緊密的連結，而是在持續互動的過程中，彼此連結的品質，最後決定了親疏的緊密程度。因此，心理的連結是關鍵。

什麼是心理的連結？就是我跟你互動的時候，我們心理靠近的程度，白話一點就是我們的頻率合不合。合不合是很抽象的概念，但我們在某種程度上可以具體判斷，就是我們跟一個人互動時，感覺自己被重視、被在乎、被尊重的程度。隨著孩子的年紀愈大，這種心理需求就會愈凸顯（對中低年級的孩子來說，能夠一起在下課跑跑跳跳的人就是好朋友了）。因此，在互動中給予重視、在乎與尊重，是連結的核心之一，這對我們看待孩子的人際關係，提供了一個輕重緩急的標準。

過去，我們對孩子人際關係的重點會放在朋友多不多、功課好不好、質與量夠不夠；現在，我們知道關鍵在於彼此連結的品質。至於這些要如何在家中培養？答案即是透過孩子和大人的互動、家庭氣氛的營造而來。在前面幾章我分享的每個概念，都是在建立這些品質的關鍵元素，現在，我想跟你分享一個人際的重要元素。

培養非零和賽局的精神

在培養孩子的人際關係上，讓我們從一個比較大的架構來看這件事：**這個世界的運作，並不總是零和賽局**。

所謂「零和賽局」，簡單來說就是參與同一個賽局的人當中，如果有人從中得到任何好處（獲利），那他的獲利必然是來自於對方的損失，有人獲得並有人損失，叫做零和賽局。

像股票炒短線就是最常見的零和賽局，只要有人賺錢，就表示一定有人虧錢。在封閉性的比賽或考試中也是一樣的道理，例如會考、學測，或者運動球賽，也是一種零和賽局。因為比賽或考試的名次是固定有限的，勢必有人會得到第一名，也有人會得到最後一名。在封閉的賽制中，第一名獲利最多，最後一名損失最多；在零和賽局中，參賽的人不是輸就是贏。

我們從小到大成長的環境，不管是在家庭或學校，常常會陷入不是輸就是贏的零和局面。雖然輸贏是很正常的事，但過度注重輸贏的表面形式，甚至想方設法一味追求輸贏的結果，可能會讓孩子形成一種心態：一個人的價值建立在輸贏多寡的結果上，為了能夠贏最多，就要竭力保護自己任何資源跟優勢，以防別人得手。

為了保護資源，就會凡事先為自己的好處著想，在過程中很容易輕忽、漠視甚至覬覦他人的利益，將彼此關係視為零和賽局，把自己跟對方都放進彼此競爭的關係中，任憑敵意滋長蔓延，在愈是接近零和賽局的環境中，孩子顧好自己的心態也愈明顯。

但這世界並不只是零和賽局，也有許多非零和賽局的關係存在，也就是我們就算處於同一個職場、面對同一群業務，不代表彼此之間只有輸贏的競爭關係，而可以是合作關係。

跳脫零和的勝負框架，思考雙贏（共贏）的可能，這就是非零和賽局的

精神。在這個精神下，雙贏（共贏）就意味著把對方的需求跟自己的利益放在一起思考，同時因為彼此立場不同，無法完全一致，但為了追求雙贏，我要學會妥協，學會放棄自己的一些好處，只為追求更大的目標。

練習利己也利他

想要促進非零和的關係，「願意相互共好」就是一個很重要的態度。共好是願意將對方視為與自己一起獲利的夥伴，一起思考如何彼此都能得到各自的好處，也就是互利共生。

這邊要特別注意的是，我們並不是要用利益交換的心態去經營關係或待人處事。給別人一點好處，之後就要得到回報，這種心態並不是互利共生的精神。

互利共生需要具備願意給予的胸襟，意即擁有妥協跟放棄的氣度，同時也要能夠說出自己的需求，而不只是一味退讓、奉獻跟討好。**若只是無私的奉獻或給予，卻沒得到有意義的回報，對大多數人來說都是非常耗損的事；要是能做到利人利己的程度，給予就會變成持續帶來正向回饋的循環，利他也利己。**

該怎麼在家中培養這樣的態度呢？以下有三個原則，家長可以試著跟孩子一起練習。

一、不責備孩子想要利己的需求

人類是自私的，在做事時多半是從自己的利益出發，優先照顧自己的需求。家長有時會看不慣孩子自私的表現，但自私就是以自己的利益為優先，這樣做有什麼錯呢？我們之所以看不慣，是因為採用道德的量尺去衡量人性，否定或貶抑人的天性，這樣做只是讓它潛入檯面下，而不會真正消失。

畢竟自私是人性，分享是選擇，我們應該接受這是每個人天生的動機，也合乎情理，不需要特別貶抑孩子利己的需求，而是去思考如何讓孩子願意分享跟給予。**我們不去否定人性，同時讚賞孩子的分享跟給予。**

二、敢於提出自己的需求

除了不責備孩子利己的需求，能夠勇敢提出自己的需求也相當重要。不少自卑或順從的孩子，容易過度討好或為他人著想，因而失去自己的界線、漠視自己的需求，長久下來付出太多時間給別人，卻犧牲自己的權利、對自己不滿意，內心飽受煎熬，卻又不敢為自己發聲，這並不是理想的結果。

最理想的狀態是，孩子不僅能表達自己的需求，也重視自己的需求，不會因為貢獻自己而失去自我。要培養這樣的態度，其實需要家長對孩子的肯定，鼓勵孩子坦誠說出自己的需求，並且支持他的表達，讓孩子理解到，他不需要為自己表達需求而感到愧疚或為難。

有時我們看到孩子扭扭捏捏、不敢直接表達自己的想法，也會感到很不耐煩；這時請別忘記，孩子也要克服心中的擔憂，才可能說出自己的需求。因此，家長不妨將步調放慢一點，給孩子一些時間醞釀、準備，我們只要清楚自己的原則，維持可以接受的界線就好。

三、鼓勵孩子嘗試利他

利他也是人的天性，透過利他的回報，我們心中都會充滿正向的感受與意義感，覺得幸福與踏實。不少研究發現，願意給予的人通常有利他傾向，而影響利他行為的原因有很多，同理心是其中之一。

同理心其實是非常複雜的概念，遠比我們認為的更複雜。研究發現，如果我們能適當引發一個人的同理心，那麼他出現利他行為的機率也會變高。而要**引發同理心的方法之一，就是站在他人角度思考的心智能力，也**

就是「換位思考」。

「換位思考」其實很難，有時就連大人也不見得能做到。不過研究發現，家長只要透過簡單的引導方式，就能夠激發孩子大腦的換位思考，方法就是提出一個問題：「如果今天你是某某（要同理的對象），你覺得他的心情會是什麼？」這個簡易的問題能活化大腦中負責換位思考的區域，讓它開始運作。

不過有時事情並沒有這麼順利，孩子不見得會跟著你的引導去做，這時可以有另一個引導面向：「你覺得某某之所以有這種行為，他的困難在哪裡？」這個引導的重點，在於一開始就使用「困難」這詞彙，暗示孩子從這個角度去理解對方的狀態，這樣做一方面能讓孩子試圖用理解而非對立的角度看待對方；一方面則是讓孩子能從困難的角度，看到對方的困境與不能。這樣的思維，其實也是一種培養孩子認知換位的思考能力。

但如果你想要讓孩子能有多練習分享或利他的機會，可以怎麼做呢？美國密西根大學心理學博士，目前擔任華頓商學院教授的亞當・格蘭特（Adam Grant），曾在他的著作《給予：華頓商學院最啟發人心的一堂課》（*Give and Take*）提供了一個值得借鏡的建議：**讓每個人都有機會為自己的需求發聲，所有人一起思考怎麼協助或幫忙。**

我們可以試著安排一場家庭會議，讓每位成員都有提出自己需求的機會與權利。這時，任何人的需求都不會被否定或質疑（當然這需求是要大家一起幫忙才能完成的事，像是校外參觀的作業、完成一個作品、煮一道菜等。如果是想玩遊戲、玩手機，就不在家人能幫忙的範圍）。這樣的活動可以讓孩子學會為自己的需求發聲，同時在協助他人、被他人協助的過程中，得到給予和被給予的經驗，從中體會到被幫助與幫助人的正向感受。

培養閱讀習慣

教育、心理學領域，以及大腦科學的相關研究，都已經證明培養孩子閱讀習慣的好處。而閱讀也是理解人際關係的一個重要途徑，透過小說、繪本甚至漫畫等，我們咀嚼書中人物的心境、觀點及價值觀，並在過程中理解到彼此差異的存在，意識到世界是由差異所組成，這對於人我之間的認識，帶來相當豐富的素材，所以閱讀的重要性自是不在話下。

閱讀不限形式，漫畫書、繪本、小說都好，請別認為孩子是在看閒書，閱讀為孩子建構起人際世界的豐富樣態與面貌。

本章所分享建立共好的家庭練習，不僅對孩子來說很不簡單，就連大人可能都覺得很難，所以父母若能記得原則，盡可能在生活中機會教育、灌輸觀念、提供示範、鼓勵嘗試，這樣就相當足夠了。

雖然本章節和大家分享共好的觀念，但不代表我反對競爭。事實上，競爭也是一種人性，是一種內在動力的來源。良好的競爭也能帶來許多幫助，所以我們不刻意貶抑或煽動人愛競爭的天性，反而可以引導孩子，用適合他的方式追求目標。

在家長的支持與肯定下，相信孩子將逐漸學會從換位的角度貼近他人，培養發自內心的分享跟給予、互利共生的態度，在自己的人際關係中，建立起有品質的連結。

如何設定情緒界線？

人際跟情緒是一個重要又複雜的議題，因為社交的品質會影響情緒，而情緒的展現也會影響社交的結果，所以講到人際或社交，就免不了要談到情緒。情緒管理是一生的功課，本章節我們就來聊聊，如何一方面處理孩子的情緒，一方面幫助他建立人際關係的基礎——人際界線。

許多孩子在情緒當下的行為跟反應，往往不是故意如此，而是因為在自己的情緒狀態裡卡住了（值得一提的是，當孩子情緒卡關時，不用多久大人的情緒就跟著當機了，彼此像是有連鎖效應一般），而某些情緒行為，就跟界線有關。我從事心理治療多年，常會看到親子間發生跟界線有關的情緒衝突，讓家長很是苦惱。說到這邊，你心裡可能會先有一個大大的問號：什麼是界線啊？我知道人跟人之間會有距離，但什麼是人際的界線？

人際界線的定義

所謂的人際界線，從心理學角度來說，就是人跟人之間存在一種隱微而抽象的心理邊界，這種邊界劃分出了「我」與「你」的心理空間，當我們待在自己的空間中不被侵犯時，就會感到自在。

這種人際邊界跟空間大小與強度，會受到彼此的關係、互動、喜好而有所差異。當彼此關係愈親近時，通常這種界線也會顯得模糊一些。舉例來說，我們跟認識很多年的死黨聊天，說話方式跟姿態比起跟上司說話，一定很不一樣。前者的人際界線是比較靠近且重疊的，後者就有非常明確且清晰的分際，你會跟死黨開的玩笑，不見得會跟上司說。

大多數時候，我們跟外人、不熟識的人互動，界線是很清楚的，你知道什麼該做、什麼不該做，否則就會有人說你沒禮貌（某種程度上，禮貌就是一種對界線的規範）。由於我們跟家人生活在同一個空間，有很多的交集與很親近的關係，所以彼此的界線就有許多重疊。

家人間緊密而模糊的界線

對絕大部分的孩子來說，跟主要照顧者（通常是母親，為方便閱讀，以下幾段以母親為代表）的界線重疊會比其他家人多上許多。這是因為通常孩子生命中的第一個世界，就是母親，所以孩子跟母親的關係，從一開始就密不可分，直到他慢慢從母親身邊向外拓展。因此，當孩子出現任何情緒時，由於母親是孩子心理上最貼近的對象，往往很容易首當其衝，承受孩子最直接的情緒；而孩子心裡不敢對別人表達的情緒垃圾，都會一股腦的丟向母親。這是大多數孩子的正常現象。

但是媽媽也是人呀，也會有自己的心情，情緒容量也有上限；要是孩子毫無節制的一直把負面情緒丟到媽媽身上，等到超過可以負荷的程度，那就是大爆炸了。但因為心理界線太過親近的關係，所以孩子往往把負面情緒丟到媽媽身上，對爸爸反而相對少一點。所以，很多母親經常會抱怨：「孩子都不對爸爸凶，只對我凶！」「這孩子真的很會折磨我，爸爸來他就不敢說話。」

孩子生氣或鬧脾氣時，總會習慣把情緒一直丟給母親（當然也有相反的情形），直到兩方都爆炸為止，這樣做的結果，就是導致彼此更進一步的衝突，最後關係變得一團混亂、糾結、對立，陷入解不開的僵局。這也是為什麼很多家長跟孩子相處時，會發現孩子人前人後不一樣：人前客客氣氣、人後天天生氣。這是因為界線不一樣，尤其跟家人之間，這種緊密而模糊的關係就更明顯。

劃定情緒界線

更進一步說，有些比較自我中心的孩子，有時也會不加思索，就把自己的情緒丟給別人，通常這些原始的情緒都很有殺傷力，會讓人感到相當不舒服，因而造成更多的衝突。

有鑑於此，除了前面談論自我覺察時分享的方法外，我們面對孩子一股腦往外亂丟情緒的狀況，也需要一些現場可操作的方法，幫他設定情緒的界線。

當劃出情緒的界線之後，連帶也會把人際的界線劃出來。意思是當孩子理解到情緒是自己的，別人沒有義務要負責時，漸漸就不會把不相干的人給拉進來一起背黑鍋，並且會認知到：「別人是別人，我是我。我的情緒是我的責任，我可以找人分享、傾訴、找方法解決，但是不應該遷怒別人。」

現在看清楚這樣的狀態後，當我們看到孩子把情緒一股腦丟到主要照顧者身上時，或許可以考慮試著劃出彼此的界線。

建立情緒界線的簡易方法

有關建立情緒界線的方法很多，在此和你分享任何場合都能使用（但不是唯一）的方法。當孩子差不多中高年級以上，在你面前大吵大鬧、口出惡言或作勢攻擊、情緒暴衝的時候，可以很簡潔的問他：**「你現在是在對我生氣嗎？」「你在對誰生氣？」**（如下頁圖示）

這兩個問題意思差不多，內容簡單，實際上又很不簡單。因為這問題其實是在問孩子：「你現在是把你自己的生氣，丟到我身上嗎？」這隱含一個重要的訊息：「我跟你不同，你目前在情緒中，而且讓我感覺到，你把自己的情緒丟到我身上了。」透過這種詢問，把孩子沒自覺就丟出來的情緒，做適度的切分與釐清。

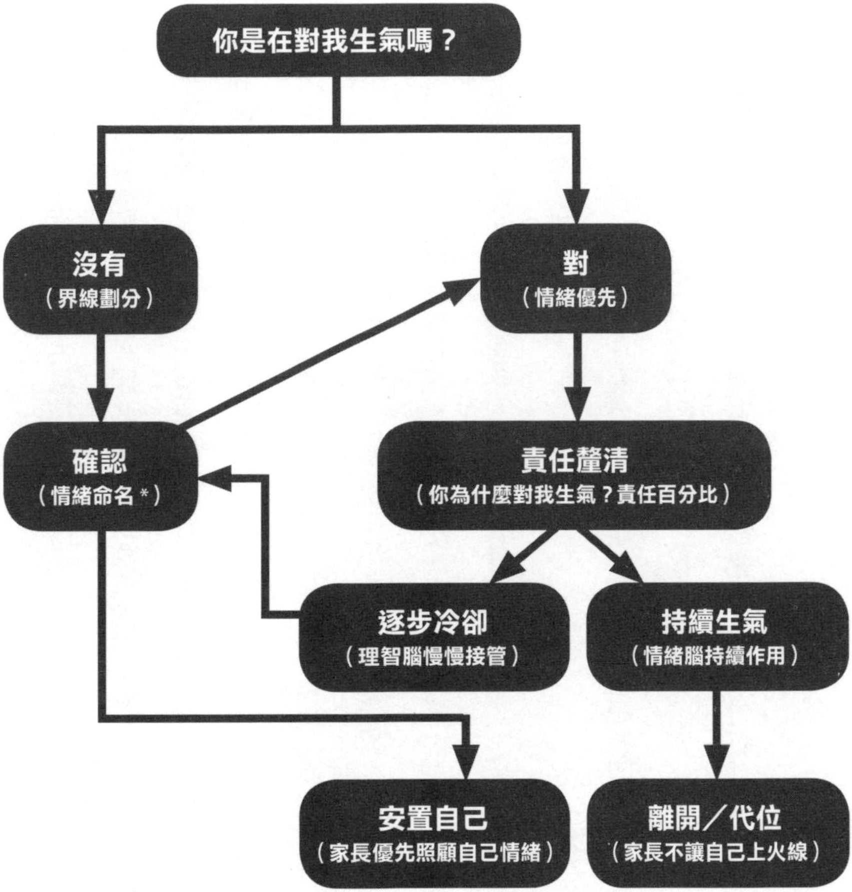

* 情緒命名是指幫孩子說出他心中的情緒，像是：「你是不是很委屈？」「你是不是被拒絕而感到很難過，不知該怎麼辦才生氣？」情緒命名通常有三個結構：觀察＋同理＋描敘。觀察發生了什麼事情，同理孩子在其中的心情感受，然後幫他描敘出來。

生氣是加法，大人的生氣是加法，孩子的生氣也是加法；彼此生氣時，情緒就會愈加愈往上。**因此家長在試圖透過問句劃定界線時，請盡量不要火上加油，只要努力做到雙眼凝視、表情平淡、語調平和三原則**，減少詢問中的情緒刺激量，就是把加法變減法（不是不生氣，只是不表現生氣），避免加法帶來進一步的對立。因此，家長可以很淡漠的看著孩子的眼睛，語調平靜的說：「所以，你現在是在對我生氣嗎？」

之所以要搭配雙眼凝視、表情平淡、語調平和，是因為當我們無表情的看著孩子時，和平常是很大的反差，很快引起孩子的注意，這時候，我們說的話才會被聽進去。

當我們發現孩子已經在看自己的時候，就可以平緩的問他是不是在對我們生氣。由於這是封閉式的問句，孩子往往會被局限在「是」或「不是」的選項中，不管他是否回答，心中都會因為這問句而引發覺察，開始意識到彼此的界線。

釐清情緒的責任歸屬

透過問題的釐清與嘗試建立界線之後，孩子可能會因此覺察到大部分情緒是自己的，而不是對方的，這種體察也會讓他比較收斂一些。此時大人也比較有機會緩和自己被攻擊的怒氣，能將自己慢慢調整回相對平靜的心理位置，再決定是否要引導孩子看清楚自己的情緒。

當孩子回答「是」或「對」，擺明表達就是對你生氣的時候，家長可以進一步問：「你為了什麼原因對我生氣呢？」「你憑什麼對我生氣（切記語氣平緩）？」這樣問的目的是引導孩子思考，現在他對你生氣是無理取鬧，還是理由充分？釐清引發情緒的責任歸屬。

孩子生氣的原因，可能是因為沒寫功課被家長罵；可能是因為跟同學吵架，忍耐到回家後才爆發；也可能是氣家長沒有幫忙寫作業……不管原因為何，孩子都因此體察到自己的狀態、情緒跟責任。

如果孩子回答「不是」，往往心中對家長還是有情緒，只是沒有勇氣承擔直接說的後果，也可能是孩子發現自己生氣的確不完全是家長的責任。這時家長同樣可以帶著他討論情緒出現的原因。

對於中高年級以上的大多數孩子來說，在衝突中劃定情緒界線是需要慢慢學習的過程；**對於家長來說，劃定情緒界線是在面對孩子的情緒時，多了一個理解孩子的角度，以及能夠回應的方法。**這方法有助於引導孩子建立情緒界線，也可以樹立家長的威信。而適度的界線，有助於人際關係的品質，擴充心理韌性的資源。

第 5 章

有效溝通

想為孩子打造強韌的大腦，
就要在面對親子關係時，
有效增進雙方互動的品質，
並且有效增進溝通。
透過同理狀態、描述理解、等待回應等方式，
打從心裡貼近孩子，
讓好品質的關係在生命中持續開展。

打造強韌的大腦

負面童年經驗與心理健康

對年紀愈小的孩子來說，親子關係的品質不只重要，更是關鍵。許多心理學、精神醫學、大腦科學的研究都已經證實；孩子與家人的關係品質，是決定大腦發展的關鍵因素之一（當然還包括飲食、作息等），如果孩子在成長過程中，遭遇到負面的童年經驗，會對大腦的發展留下不可磨滅的損害。

什麼是負面童年經驗呢？這得從一個故事談起。一九九〇年代前後，美國有一位醫師文森・費利堤（Vincent Felitti），他在為患者進行減肥計畫時發現，不管瘦身效果再怎麼好，總會有一定比例的患者在減肥結束後沒多久，又突然嚴重的復胖。經過仔細的調查後，費利堤醫師發現這群復胖的患者中，有極高比例的人在童年時曾遭遇過各式各樣的負面經驗，包含家人的精神虐待、性侵、失去親人、缺乏照顧、被忽略等。在那之後，有愈來愈多的研究開始試圖了解童年經驗與心理健康的關係。

如今我們知道，小時候經歷過愈多負面童年經驗（Adverse Childhood Experience，簡稱ACE）的人，長大之後的心理健康問題也愈多。由此可見，童年創傷與負面經驗，會對孩子帶來深遠的影響，甚至影響到成年後的身心健康。不少研究指出，在語言暴力（像是被貶低、侮辱的溝通方式）、忽略或肢體暴力下長大的孩子，大腦會隨時處在一種過度警戒的狀態，當大腦過度警戒持續太長的時間，就會干擾孩子情緒調節的能力，甚至引發暴力行為。也就是說童年負面經驗會讓大腦失去自我穩定的調節功能。事實上，在國外的研究中，我們發現有上述負面經驗的孩子，在某些腦區（例如海馬迴）的生長跟功能，確實跟一般孩子有不小的差異。

人際創傷與體罰的負面影響

在我的治療經驗中，許多孩子很容易對別人的一句話、一個眼神或一個動作，產生過度的反應或暴衝行為，像是罵三字經、丟東西或翻桌，這背後多多少少都可以看到，孩子曾經歷類似上述的負面經驗。然而，孩子這些過激的反應，又會進一步在班上或在家中造成更多的衝突、誤會、排斥、侮辱甚至霸凌，使他逐步陷入不被團體接納的人際孤島中，慢慢形成如左頁圖片的負向循環。

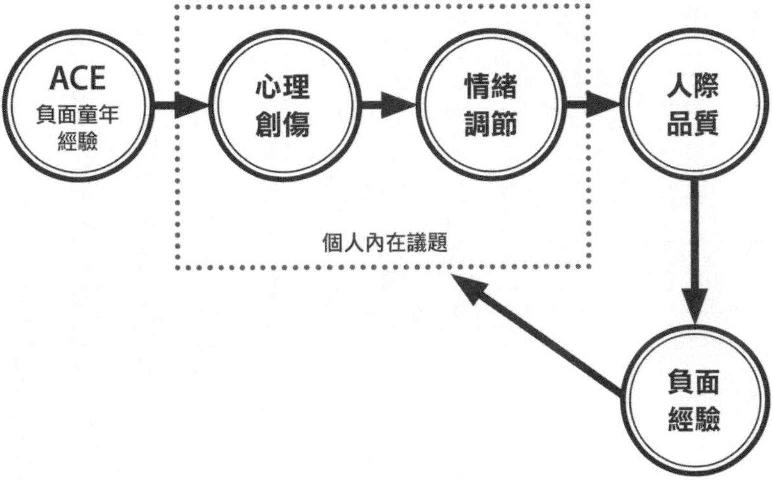
ACE
負面童年
經驗
心理
創傷
情緒
調節
人際
品質
個人內在議題
負面
經驗

從上一頁圖片可以知道，**負面童年經驗會影響孩子的身心發展，然後廣泛耗弱他生活中各個層面的表現，最後損壞了人際關係的品質，又回過頭來進一步變成孩子的負面經驗，影響其心理的狀態。**

在孩子的負面經驗當中，體罰是另一個嚴重的創傷來源。九成以上的心理學研究同意：體罰對孩子遠遠弊大於利。美國新罕布夏大學教授穆雷・施特勞斯（Murray Straus）團隊曾彙整全美橫跨三十二州、超過七千個家庭的研究，指出「體罰對孩子帶來嚴重的傷害」，研究中提到體罰雖然可以修正不良行為，但它也是所有管教法裡面帶來傷害最多的教養方式。

體罰可能為孩童帶來的影響包括：

- **不良的心智發展**
- **親子之間的關係傷害**

- **提高孩子攻擊其他學童的風險**
- **提高孩子日後攻擊雙親的風險**

因此，避免體罰，對孩子的身心發展是非常重要的一件事。如果你不確定哪些事情屬於負面童年經驗，本章節末所附的問卷，你可以自由使用加以了解。

與親密的家人互動有助減壓

現在我們知道負面童年經驗對孩子造成的傷害，但是您應該更想知道，從心理學的角度來說，有沒有什麼方法能增進孩子的身心健康？這也是許多研究想了解的部分，它們想知道什麼環境對孩子的身心有正面幫助；結果令人訝異的是，其實只要一些很簡單的互動，就能為孩子的身心帶來正面幫助。其中我們最熟悉也最常見的方法，就是家人之間親密的擁抱或說話。

美國威斯康辛大學曾做過一個深具啟發的實驗；該大學心理學教授賽斯．波拉克（Seth D. Pollak）找來許多就讀國中、國小的女生參加實驗，研究透過刻意操弄的方式先讓孩子產生壓力感。然後這些處在壓力下的孩子，有三分之一跟媽媽擁抱十五分鐘，有三分之一透過電話和媽媽說話，剩下的三分之一除了看電影之外，什麼都沒做。

當這三組女孩完成各自的任務後，波拉克接著檢測她們的壓力荷爾蒙（皮質醇），結果發現跟媽媽擁抱或聊天的孩子，在短時間內就降低了八成的壓力，而看電影的孩子，她們壓力下降的程度相較之下就顯得相當緩慢。這項研究讓我們知道，有時僅僅是和家人進行肢體碰觸、有意義的交流，就可以帶來心理上的幫助，以及生理上的改變。

看到這邊，大家應該不難發現，這實驗真正的重點在於：孩子跟家人的相處與互動品質是核心的關鍵。如果今天孩子跟家長的關係不好，親子之間沒交流，甚至衝突連連，相處有困難，那麼一旦孩子遇到壓力，也不太可能會主動跑去和家人擁抱或交談，甚至還很可能會被拒絕，讓事態不斷向下沉淪。

所以，這項實驗凸顯出的核心，仍然是親子之間的關係品質。因此，**打造孩子強韌大腦的基礎，奠定在親子關係的品質，而透過有效能的溝通方式，將有機會增進這個目標。**在下一章節，我會和大家分享幾個好用的溝通做法。

負面童年經驗問卷

下面問卷總共有十個問題，你可以簡單瀏覽一下，看看孩子目前在每個題目上的答案是什麼？如果回答「是」，得一分；回答「否」，得〇分。

1 家中的大人（爸爸媽媽或其他同住者）常常口出惡言、威脅、羞辱、咒罵貶低孩子，或是做出一些讓孩子感覺會被傷害的行為？

2 家中的大人（爸爸媽媽或其他同住者）常常對孩子動手，包含打罵、推擠、打耳光、丟東西，甚至是造成孩子身體瘀青或受傷？

3 家中的大人（爸爸媽媽或其他大五歲以上的同住者）曾經用不舒服的方式觸碰或撫弄孩子的身體，或是要孩子碰觸對方的身體，甚至要求孩子發生性行為（口交、肛交或性交）？

4 孩子覺得家裡並沒有人真正愛自己、重視自己、認為自己是重要的，或者孩子覺得家裡的人彼此間很疏離，並不親密或相互支持？

5 孩子常覺得吃不飽、沒有乾淨的衣服可以穿、沒有人可以保護自己，或是父母因為藥癮或酒癮的關係沒有照顧孩子，連看醫生都很少做到？

6 孩子的爸爸媽媽離婚了嗎？

7 孩子的媽媽（或繼母）常推擠、捶打、踹踢孩子，或者朝孩子丟東西，甚至不只一次拿刀威脅孩子？

8 孩子是否曾經跟有藥癮或酒癮的人住在一起過？

9 和孩子同住的家人，有人曾經罹患過憂鬱症、精神疾病，或是曾經自殺過嗎？

10 家中的大人（爸爸媽媽或其他同住者）曾有人被抓去關過嗎？

做完之後可以把分數加總，看看孩子得到幾分。美國許多研究發現，這份問卷得分愈高的人，長大後出現身心問題的可能性也愈高，不只是心理疾病，甚至罹患癌症的機率也明顯升高，連帶在平均壽命上也有差異。

資料來源：美國聯邦疾病管制局網站

增進親子關係的溝通法

從上一章節的研究中，我們發現真正影響孩子心理韌性的，仍舊要回到親子關係中，而溝通是塑造關係的重要橋梁。儘管我們認同親子溝通是重要的事，但到底要怎麼溝通？這往往讓很多人感到困惑，尤其是遇到衝突時，就更別提要溝通了。

許多家長心煩的，不外乎孩子講不聽、愛鬧脾氣，好說歹說非得要到破口大罵，才勉強聽話。其實我們自己也不喜歡老是生氣，不過近期有研究發現，嘮叨或擔憂似乎是人性（尤其是爸爸媽媽）的必然，所以也不能怪我們會這樣。

有項研究指出，嬰兒出生之後，母親大腦中負責警覺、生氣與焦慮情緒的杏仁核，會持續處在高度的警戒狀態，而且打開後就很難關上。研究更發現，母親的杏仁核體積平均是爸爸的四倍大，這或許可以說明，為什麼媽媽普遍對孩子的動靜總是特別關注。如果晚上睡覺時有任何風吹草動，或是孩子發出一丁點聲音，媽媽就會馬上醒來檢查，而不像一旁睡到不省人事的老爸，睡到地震都沒反應。杏仁核的這種改變，或許讓我們對主要照顧者（一般多半是媽媽）的行為有更深入的了解。

綜合這些研究的結果，我們於是了解，爸爸媽媽的擔心跟焦慮，是隨著孩子一起來到世上，而且是幾乎無法改變的天性。**儘管家長不喜歡對孩子嘮叨跟囉嗦，但就是難以放下心中的擔憂，因此，我們該更多接納與體諒自己。**

既然如此，在生活各式各樣的場合中，我們該怎麼與孩子心平氣和的溝通呢？如何在衝突中有效化解對立？如何讓孩子願意參考我們的建議做出回應？這些放在溝通中都是極大的挑戰。我們如果能掌握到一些好用好懂的溝通方法，或許就能增進關係中的美好元素，還能減少各種負面因子的發生（如前一章節所述），為孩子的心理韌性奠定基礎，何樂而不為？

高效能衝突法

不過在分享好用好懂的溝通法之前，我想先從另一個角度，教大家如何用輕鬆又簡單的方法和孩子起衝突。比起良好的溝通技巧，和孩子衝突就簡單多了，畢竟我們經驗豐富。因此我把它整理出來供家長參考使用，姑且稱之為「高效能衝突法」。

這是我多年來從不少友人（是友人，不是我自己）的經驗中歸納出來的，我發現要讓衝突一觸即發，其實有具體的規則可循，經過再三不斷的驗證後，我相信只要你適當的應用以下規則，那麼出現衝突、破壞關係的成功機率將會大大增加。如果你想吵架、想斷開親子關係、想破壞孩子的心理韌性，卻找不到理由和方法時，以下這些都是可以輕鬆應用、快速衝突、長遠破壞的方法唷！

一、盡量離題。不要專注在你們眼前的議題，盡量言不及義或拖泥帶水的說三道四，從A說到B，再從B說到C，但就是不要提到你們原本在討論的E。

二、多使用極端用語。「你總是忽略我說的話」、「你從來不努力工作」、「你永遠學不會」，類似「總是」、「從來」、「永遠」這種武斷又偏頗的極端描述，可以不費吹灰之力的把焦點從討論的事件，馬上帶到對立的情緒字眼，算是引發衝突很有效率的方式。

三、攻擊性言語。用「你」開頭的句子，後面再加一個負面、貶低對方人格的形容詞，就可以很輕易弄僵溝通的氣氛，讓大家都無法針對事情討論。舉例來說，原本能促進溝通的表達方式應該是：「我對於……感到很生氣。」「我覺得你這麼說，我很受傷。」現在只要將它改成：「白痴呀你，你快把我氣死了！」「你腦袋長在頭上是用來掛衣服，還是想事情的？」用貶低對方人格的形容詞，就可以完美的轉換成攻擊性語言，這不難學，我們大家都很熟悉，使用方法簡單便利到似乎是我們的天賦。

四、盡量翻舊帳。相信大家都體會過在傷口上撒鹽的感覺。不管是誰撒的鹽，當下你只會覺得那個人很欠罵。

五、雜唸／碎唸。西遊記裡的唐三藏，之所以能夠制服桀驁不馴的孫悟空，是因為每次唐僧只要唸咒，就能馬上縮緊孫悟空頭上的緊箍兒，讓他頭痛不已。我發現雜唸／碎唸也有這種奇幻的異次元魔力，尤其對處在青春期的孩子非常適用，通常只需要碎唸個三、四句，就能達到引起對方頭痛欲裂、齜牙咧嘴的功效。

六、衝突中硬待在現場。在情緒高漲的衝突中，只要做到不離開、讓自己繼續硬待在現場，就可以使原本已經滋長的火苗，燒得更旺。

以上幾種溝通原則，都有助於把溝通變成衝突，屢試不爽，或許你可能相當熟悉，發現似曾相識，那也是應該，畢竟這是我們最自然又習慣的反應。但反過來說，如果你已經有點厭倦這種無效又有高度破壞性的溝通和無止境的衝突，那或許我們可以思考，是否自己或對方在不經意間曾做出上述的行為。

人跟人的互動，想要避免衝突，不可能，但降低衝突的損害，增加溝通的效能，則是可以練習的，接下來我要跟你說個小故事，它帶給我在溝通上很大的啟發。

一則逛街經驗帶來的啟示

很多年前，我朋友曾約我一起逛百貨公司，因為他在新聞中看到百貨公司適逢週年慶，全館鞋子特價。對逛街本來就不熱衷的我，一直以來都是速戰速決型的方式：出門，快速選好東西，結帳，回家，簡單又俐落，因此我以為陪朋友逛街買鞋，應該就是這麼簡單的事。直到抵達賣鞋會場，我才覺得事情不太對勁。

記得一進到會場，我就看見上萬雙鞋，依照A到Z的編號分區陳設，每一區都至少有好幾百雙鞋，有的排在櫃位上，有的堆疊在花車裡，光用看的都眼花繚亂，更別說要挑選了。我看到這麼多雙鞋，最直覺的反應就是：「哇！要怎麼從這片鞋海中找到我要的鞋子？這樣買雙鞋也太花時間了吧？」

雖然一開始有點煩惱，不過由於天性使然，我很快就找到適合的鞋子，試穿無誤後便拎在手上，回頭找我朋友準備去結帳，這時才發現，他竟然還在編號A區慢慢悠閒逛著，挑選，試穿，挑選，試穿，挑選，試穿……。

看著朋友反覆熟練的動作將近半小時，我腦中只想到，英文字母從A到Z共有二十六個字母，也就是現場總共二十六區，一區半小時……想到這裡，我不禁生出有點難形容的感覺，腦袋逐漸升溫，心情也開始煩躁起來。剛好就在此時，發生了一件讓我至今印象依舊深刻的事，甚至顛覆了我對「溝通」這件事的看法。

當我一邊計算朋友逛完A到Z要花的時間，一邊閒逛時，正巧經過一對情侶身旁，由於靠得很近，所以不小心聽到他們的對話。只見男生老大不情願的板著臉，而女生則牽著男生的手前後擺呀擺的，溫柔的和男生展開一段對話。

女生：「寶貝，今天辛苦你了。你今天原本可以在家裡睡覺的耶！」

男生：「對呀。」

（男生臉色不悅，連話都不想多說）

女生：「可是你卻放棄睡覺，專程出來陪我耶！」

男生：「對呀。」

（男生臉色稍稍和緩）

女生：「寶貝，你好棒唷！你用你的行動表達對我的重視耶，真的好窩心！」

男生：「對呀，那還用說！」

（男生露出羞赧的笑）

女生：「寶貝真棒！那我跟你說唷……」

男生：「什麼？你說。」

女生：「我想要買這兩雙鞋，便宜又很適合我，搭配起來很好看，這樣以後可以穿著跟你一起逛街，你說好不好？」

男生：「好呀，那有什麼問題？」

就在短短的三、四句對話間，我看著男生的臉色由原本的不悅到和緩，再到眉開眼笑，甘心掏錢付帳，相信別說是我，當天在現場看到這一幕的人應該都跟我一樣震驚。從頭到尾，女生在短短時間內只用了三個問句，就讓男生的心情有了一百八十度的大轉變，如果不是親眼所見，真難想像天底下竟有這等情事。

我當時相信這位女士若不是催眠大師，就應該是個心理學高手，真是太會說話了！那麼，她究竟是如何辦到的呢？

用框架突破框架的同理式溝通

在往下閱讀以前，我要先請你再回想一下，剛剛提到的那對情侶發生了什麼事情？你觀察到什麼？男生的狀態是什麼？女生做了什麼？發生了什麼事？為什麼？

你有沒有發現，這對情侶從頭到尾的對話中，女孩提出的問題都有一個共通點，那就是對方聽了會很直覺說出「對」，為什麼會這樣呢？如果我們仔細從第一句看到最後一句，就會發現女生對男生說的每句話，都有打中男生的心理，充分說出他心中的感受，沒有任何迴避，甚至相當貼近。

當男生心中的話被女生說出來了，很自然會說出「對」。女生整個過程不斷把男生心中的狀態說出來，讓他覺得被理解，然後兩人就會愈來愈貼近，愈來愈認同。這時女生提出一個不算過分的要求，男生也覺得合理，於是就跟著接受。

現在我們大概知道這段對話的祕密。說穿了，這就是心理學的一種溝通句型，叫做**「YES SET」，又稱做「三對一好」策略，意思是如果你有辦法讓對方說出三個「對」，接著讓對方做出一個行為允諾的「好」的機率，比起直接要求對方說出「好」的承諾，成功的機會高得多。**

因此，如果你想要說服人採取某些行動，或是想跟對方達成某些共識，比起直接要求對方答應你，利用 YES SET 的引導方式，成功率會高於前者。這是因為你在提出要求或請求之前，已經先同理了對方的狀況，這會讓對方跟你有一種共同的感覺，對於你之後說出的建議，也會傾向或直覺認為這符合他的立場，比較願意答應你。

這是一個很有趣的人性現象，不過我要特別提醒，這種溝通最關鍵的部分，並不是讓對方說出「好」，而是我們能否讓對方說出「對」，這才是最重要的核心。因為要能讓對方由衷的說出「對」，意味著我們必須能同理對方的心情、立場與感受，並且願意說出口讓他知道。

同理狀態、描述理解、等待回應是 YES SET 的核心精神。透過此處的介紹跟說明，相信你已經掌握到 YES SET 的架構與概念了，至於要怎麼應用在我們的溝通中？使用時又應該注意哪些事？我們將於下一章節詳細介紹。

有效溝通的實際應用

前一篇我介紹了「YES SET」，也就是「三對一好」的架構與溝通原則，我們可以透過這樣的結構引導，試著貼近要溝通的對象。我很鼓勵大家在生活中使用這個溝通架構，因為它不但簡單、好用，又能夠拉近雙方的距離，不管對孩子、家人或同事，都可以考慮運用 YES SET 溝通法。

首重貼近，不在形式

使用 YES SET 溝通的前提，就在於讓對方說出「對」，因此重點是我們能不能在當下貼近對方，同理對方的狀態。然而，千萬不要拘泥於形式，只是想方設法要讓對方說出「好」，因為這樣就背離了最核心的目的：貼近。

我帶過很多家長成長團體，有時會分享這句型，然後邀請大家用角色扮演的方式，一個扮演孩子，一個扮演家長，彼此一對一練習，體驗實際應用時的感覺。通常家長們練習後最多的回饋是：「天呀，這個好難！」「不知道該怎麼說！」**爸媽之所以感覺困難，是因為很少從心裡去試著貼近孩子，就算試著體會，也很少表達出來**，因此在運用的時候常有詞不達意、彆扭不自在或過於拘泥形式的狀況。

我曾在團體中提出下面這個假設狀況，你不妨可以試試看，要怎麼用「三對一好」來回應與溝通呢？

家中的兩個孩子吵架，大的鬥不過小的，於是他躺在地上生悶氣，你也懶得理他，想說讓他一個人冷靜一下。結果到了該睡覺的時間，任憑你怎麼說，他仍然自顧自躺在地板上，怎麼都不願意進房間睡覺。

請先試著寫下你的回應方式，再繼續往下看示範案例。

我的三對一好：

回應一：＿＿＿＿＿＿＿＿＿＿**（對）**

回應二：＿＿＿＿＿＿＿＿＿＿**（對）**

回應三：＿＿＿＿＿＿＿＿＿＿**（對）**

回應四：＿＿＿＿＿＿＿＿＿＿**（好）**

如果你試著練習上述的對話，會發現這其實並不簡單，甚至我們好像會很拘泥在一定要說出「三對一好」的形式上。事實上，請容我再強調一次，關鍵並不在「好」，也不在一定要讓對方說出三個「對」，而是在讓對方說出「對」的認知下，嘗試從對方的角度「貼近」並說出的過程。

我先分享一個印象深刻的練習案例，這是兩個爸爸的練習，由A爸演大人，B爸演小孩，我請他們利用「三對一好」的精神來練習，扮演大人的A爸顯然絞盡腦汁，思考如何讓對方說出三對一好，於是展開以下的對話。

大人：「你現在很生氣對不對？」

小孩：「對。」

大人：「那……（詞窮）那你知不知道……我也很生氣！」

小孩：「對……」

大人：「那你知不知道，我生氣的時候，連我自己都怕我自己！」

小孩：「對……（？）」

大人：「所以你現在就給我進房間！」

小孩：「好……（？）」

扮演小孩的B爸確實說出了三對一好，但我在旁邊看著他們的練習，都快笑岔了氣。儘管B爸說出了三對一好，我想讀者們應該也覺得怪怪的，顯然整個對話太過拘泥於形式。我要再次強調，重點不在於一定要讓對方說出「對」或「好」，而是要**思考對方的狀態是什麼，然後透過理解的方式把它說出來，這才是 YES SET 最重要的精神。**

因此，若回到原本的案例當中，或許可以這樣對話：

大人：「你現在是不是因為跟弟弟吵架，所以感覺很生氣？」
小孩：「對。」
大人：「然後你覺得吵輸他很沒面子？或者你不喜歡這樣？」
小孩：「對。」
大人：「所以你才會躺在這邊，表達你的不滿，是嗎？」
小孩：「對。」
大人：「那這樣，我們來想看看，怎麼樣你才會消氣呢？」
小孩：「好。」

你發現了嗎？家長前面的三句話，都是試著在理解孩子的狀態，而最後的問話，沒有一定要孩子做出具體的行動或改變，也可以是接受邀請去面對問題，或是答應試著調整自己的心情。總之，不要拘泥於形式，而是著重在貼近。在貼近的嘗試與過程中，有時候就緩和了情緒，化解了問題。不過這樣的例句畢竟還是太理想，在現實生活中，才不會讓我們有這麼心平氣和的機會好好說話。接著跟你分享我在生活中「三對一好」的應用，你就知道，其實真的是不簡單。

「三對一好」在生活中的應用

我自己也曾經在溝通與衝突中，應用 YES SET 的方法。

記得很多年前我還在學校服務時，有一次上課，輔導的孩子拿著答應我要完成的作業來檢查。我看到作業中有幾個錯字是直接用筆塗改，於是請孩子用立可帶擦掉改正。他聽完臉色一沉，要我把所有需要重寫的字先圈出來。我沒有答應，而是請孩子自己找出塗改不完整的字：「我的原則是『塗改不完整』的字就重寫，請你判斷哪一些字要改。」

孩子搶過作業，邊走向書桌邊說：「我哪知道你會圈哪些字！」

我耐著性子問：「你覺得為什麼我不幫你圈？」

孩子忿忿不平的說：「我不想說啦！」

我聽到這句話，情緒就爆炸了，講話也開始變得大聲，「你用這種態度對我，讓我感覺很不舒服。我不想幫你簽了，因為你還是沒有回答我的問題。」

孩子聽完火氣更大，又吼又叫的，先是說我莫名其妙亂生氣，然後說他沒有不回答我，還說如果我不接受他的說法，那就沒什麼好說的了。看到孩子如此強詞奪理，當下我的理智幾乎就要斷線，直覺想以更大聲的方式來壓制他，雙方頓時陷入情緒的對立，一時難解。

我第一次看到孩子這麼激動的咆哮，突然發現我們都處在很生氣的狀態。我隨即發現雙方爭執的點，是我們都認為對方做了某些無法證明的事，但這並不是原本要處理的問題，但我們卻因為這些小細節而陷在情緒裡。

跳脫情緒，尋求共識

我當下試著冷靜的看著孩子，讓情緒不再線性向上升高，並且趁著空檔稍微整理一下思緒。我試著用比較平靜的口吻說：「現在我們面對一個狀況，是你認為我莫名其妙對你生氣，而我的感覺是你用無理的態度拒絕我的問題，對吧？」

「對。」孩子點頭，第一個「對」出現了。

「現在的困境是，我們都不認為自己有做出對方認為的行為，你不認為你有不耐煩，而我也不覺得自己是莫名其妙，對吧？」孩子點頭，第二個「對」出現。

「所以，如果我們繼續僵持在這個點上面，就會一直吵下去，然後沒有結論。這不是我想要的，也不是你想要的，對吧？」孩子點頭，第三個「對」出現。

「我想我們有共識了，不想糾結在這個無法解決的事情上，雖然我們都很生對方的氣。」我繼續說：「不如這樣吧！我們先試著在這件事上冷靜，再來討論，好嗎？」

「好。」孩子說。

「那我們安靜一分鐘吧！表示我們都接受這個共識。」

「我去洗個臉。」

孩子說完後離開了座位，而我也慢慢整理自己的狀態。安靜過後，我們彼此試著思考在剛才的過程中，自己應該道歉的地方。

我說：「我不該沒澄清你的意圖，就以我的認知誤會你而生氣。」

孩子說：「我不該不回答你的問題，也應該試著去改進自己寫字的狀況。」

我們彼此道歉之後，儘管氣氛還是有些尷尬，心中有些不自在伴隨微微的情緒，激動的餘韻仍在緩慢消散，不過我們都不想繞著情緒打轉，也願意試著在經驗的再整理中，共同面對這個衝突。

透過以上的例子你會發現，儘管 YES SET 結構簡單又清楚，好操作又能應用在說服或引導上，但是關鍵在於一個人要能認同你所說的話，而簡單的前提就是去同理他的狀態。

YES SET 提供了一個框架，引導我們試著貼近對方。**這樣的對話，其實就是在幫助孩子觀照自己的心情，讓他一方面覺察自己，一方面在覺察中正視自己的狀態與情緒**。在貼近的過程當中，孩子會感受到和家人的連結與支持，進而讓好品質的關係在其生命中持續開展。

常見的溝通法：我訊息

除了「三對一好」的溝通方法以外，「我訊息」也是一個常見又好懂的溝通技巧，它結構簡單又好操作，透過有邏輯的排序，把你想說的話以有效的排列組合表達出來，不但讓孩子更易於接受，也減少對立。

「我訊息」的結構只有三個，分別是：狀況＋感覺＋原因。

- **狀況：描述你所看到、聽到有關孩子引發你情緒的事情或行為。**
- **感覺：說出你對這些事情或行為的感受。**
- **原因：接著說明你之所以會有這些感覺的原因。**

這樣的排列之所以有效，是因為我們從自己的角度出發，說出我們所看到、所聽到的事情，這就會讓孩子少了一種「你又要唸我」的感覺，而可以先避免不必要的防衛。接著說出你的「感受／感覺」，感覺或感受，是每個人都有的經驗，因此當孩子聽到你描述自己的感覺時，那是一個彼此在心靈貼近的時刻，而不需要在事物的對錯上糾葛。

最後，表達出你的「原因」。我們對事情之所以會有情緒，通常跟你對事情的看法有直接的關係，你的態度在最後表達出來，也比較能夠讓孩子聽到。這不代表孩子一定會改變，但是讓他能夠理解到，他的行為跟你態度之間的落差，是如何影響你的情緒，這也是溝通重要的一環。

現在假設孩子玩手機玩到很晚，你催促他睡覺，他口氣很不好的大聲回你說：「好啦！我知道了啦！」然後很用力的走路、刷牙。這時候，你很生氣，又想要糾正他的行為，該怎麼用「我訊息」開口呢？範例如下：

- **狀況：我看到你從下課回來就玩手機玩到現在。**
- **感覺：我覺得有點擔心。**
- **原因：因為我擔心玩手機會影響到你的作息。**

「我訊息」對很多家長來說，也是一個不容易開口的溝通方式，因為要向孩子說出自己的感受特別不自在。對於這樣的狀況，我建議家長不需要逼自己什麼都一定要用說的，其實用寫的也很好，而且說不定效果比說的更好。因為手寫的文字可以保存，孩子不見得現在就要看，但他隨時都可以看，加上手寫的文字多了溫度，少了情緒、表情及其他可能干擾的元素，還原我們心中單純想說的部分。當然，用手寫我們也比較自在、不尷尬。

不管是三對一好，還是我訊息，如果你願意，我會很誠懇的建議你在孩子還小的時候練習。為什麼從小開始呢？首先，我們都不熟悉這個溝通法，同時也很少會試著從對方的角度思考，當孩子還小時，我們做這樣的練習，會顯得很自然又自在。一旦孩子長大、進入青春期之後，你會發現要用 YES SET 或我訊息溝通，心裡會有障礙，因為不熟悉、不自在也不敞開。同時，請記得不要拘泥在一定要三個對或幾個對，重點是引導孩子說出對的過程中，就是一種貼近的嘗試，就是連結的開始。

結語

把注意力放在對的地方

還記得有一次，我和孩子在閒聊時，剛好聊到流行手遊的類型，又聊到幾個在青少年圈極有人氣的網紅，討論他們的專長跟特色、吸引人的地方，以及經營個人平台的方法。接著話題轉到「網紅賺不賺錢」上。

孩子：「你知道一個網紅，如果一個月點閱率是一百萬，可以賺多少嗎？」

我：「不知道耶，是多少？」

孩子：「我聽我朋友說，如果有一萬人看他節目的話，他就可以賺三百元，那十萬人就有三千元了！」

（我心想：「真的假的，這是筆大數目呀！我要不要改行呀？」）

我：「哦！這倒是有趣了，是誰付錢給這些網紅呢？」

孩子：「應該就是那些影音平台的公司付給他們的吧！」

我：「好奇怪，為什麼他們要付錢給這些網紅呢？」

孩子：「嗯，這我就不知道了。」

（我心想：「你想想看會死哦？」）

我：「你去商店買東西，商家給你貨物，你則是付錢拿你要的東西，對吧？」

孩子：「嗯。」

我：「所以你跟人買你要的東西就得付錢，這是我們社會運作的方式。既然平台公司付錢給網紅，想必他們應該是從網紅那邊買了什麼回去才對。你猜猜看，平台公司要跟這些網紅買什麼？」

孩子：「買影片？」

我：「有可能，不過仔細想想，現在拍影片的人實在太多了，為什麼只買他們的影片？他們的影片跟其他影片除了內容外，最大的差別在哪裡？」

孩子：「因為點閱數嗎？」

我：「嗯，這是一個好方向，所以你覺得平台公司跟網紅買的東西是什麼？」

孩子：「點閱數？」

我：「厲害！那你猜猜看，為什麼他們要跟網紅買這些人的點閱數？我提示一下，你覺得所謂的『點閱數』，實際上指的是什麼？」

孩子：「點閱數……應該就是我們的時間？因為我們花時間在這些影片上？」

我：「厲害！不過下一個問題是，為什麼你看影片的時間，對這些公司很值錢呢？」

孩子：「因為他們可以打廣告？」

我：「答對了！那再猜猜看，當你花時間去看影片時，其實正在付一個很重要的資源給他們，這也是他們一直想從你身上賺走的東西。你猜猜是什麼？」

孩子：「是什麼？」

我：「你想想看會死哦（忍不住說出來了）！這東西很重要耶！每個人擁有的都不多，一旦被挖走就要不回來了！」

（孩子低頭想了一陣子，還是想不太出來）

孩子：「到底是什麼東西這麼寶貴？」

我：「你的注意力。」

孩子：「啊？」

我：「就是你的注意力唷！你不覺得當你在看影片的時候，超級專注的嗎？因為專注，你對網紅的印象會很深，動不動就提到他，關注他的動向跟內容。網紅說什麼你就會模仿，他用的東西你也知道、有印象，甚至會跟人討論，然後你的喜好慢慢就被影響了。」

孩子：「嗯，好像是這樣。」

我：「所以，每個人都在爭奪你的注意力，從網紅到平台公司，甚至任何一個媒體都是這樣，誰能夠得到你的注意力，誰就能用你的注意力賺錢。因為只要拿到你的注意力，他們就可以慢慢了解你、影響你，甚至改變你。所以你猜猜，平台公司之所以付錢給網紅，是因為網紅賣給他什麼？」

孩子：「我的注意力？」

我：「賓果！所以這是一筆交易，商品是你的注意力。你用你的注意力跟時間，換取網紅來娛樂你；網紅用你的注意力跟平台公司換錢；

平台公司得到你的注意力之後，就會慢慢透過你的注意力來了解你、接近你，最後影響你。你要記住，你的注意力是非常寶貴的。」

注意力建構了我們的世界，我們注意什麼，就會以為世界的真相是什麼。

這世界正不斷快速改變更迭，加上網路興起，大量訊息的交流變得更直接、方便。知識快速的傳遞，一方面讓我們有更多元的管道獲得資訊，另一方面我們可能還來不及咀嚼判斷，就被更多的訊息淹沒，難以抉擇、判斷。

我們的注意力被新出又瞬間過期的資訊快速填充，我們的孩子也處在這樣的時代。他們的注意力被吸引、徘徊而逗留在網路世界，已經是生活的日常。

家長是對孩子最有影響力的媒體

然而，一個人的注意力資源畢竟是有限的，一旦停留在外界的時間愈多，就愈難保留餘裕給自己。當你把注意力放在不斷瀏覽影音平台一個又一個短片時，就不太有時間回顧自己一天的生活，不會停下來問自己心情如何，也很難仔細思考今天對某些人話語的感受及原因。這些需要大量注意力資源來整理的內在經驗，將會愈來愈淡薄，偏偏這些內在經驗的整理，是一個人自我整合的重要過程。

我並不是要說網路不好，事實上，網路可以是個好工具，前提在於我們知道怎麼善用它。我想說的是，注意力建構了我們的世界，而孩子的注意力自始至終都離不開家人，總是將心思放在與家人的關係上，他的開心與難過，是從跟家人的關係開始；他的滿足和失落，也是從跟家人的關係開始。

換個角度說，**對孩子而言，家長就是決定他注意力內容的最重要平台，我們提供的內容跟頻道，是影響孩子的決定性關鍵。**更棒的是，我們二十四小時直播不間斷（考量到現實情況，我更正說法，我們是有限度開放的直播平台），可以自己把關跟控制產出的節目內容，還可以隨時調整跟修正，不用擔心內容不宜或血腥暴力。世界上還有哪一個頻道或線上節目，擁有比家長更多的優勢？

既然我們自己就是最有力的自媒體，剩下的關鍵就只有直播的內容跟品質了。針對《心理韌性》這主題，我在書裡提供了許多適合你使用的劇本跟元素，不管是從安全堡壘的起跑點概念、情緒調節的核心關鍵、自我覺察的深入引導、人際關係的元素實踐，再到溝通同理的實務技巧，每篇內容推薦或建議的方向及重點，都是大量臨床觀察與實務研究融合而成的精華，相當值得將之應用在生活中。

不過理想很豐滿，但現實總是骨感。在陪伴孩子的過程中，我們其實還有更多現實問題要面對：經濟問題、學業問題、婆媳問題、夫妻或伴侶問題、職場問題、人際問題，還有那些平時沒問題，但隨時是問題的問題等，每個問題只要一不小心被點燃，隨時都能輕易讓我們爆炸，孩子不被炸到已經算是幸運了，其他說什麼都太理想。

而教養就是這麼一回事，酸甜苦辣是食物的滋味、喜怒哀樂是生活的滋味、悲歡離合是生命的滋味。在親子關係中，無盡的起伏波折就是它一貫的味道，個中滋味也只有親身經歷過才能體會。這始終不是一條輕鬆的路，來自外在的、來自內在的、來自旁人的，這些各式各樣的在意，讓我們不斷在衝突中、在懷疑中、在否定中擺盪；直到我們安頓了自己，喘了一口氣，才能再緩緩的前進一些。關係是美好的事，關係也是艱難的事，過程中時有煎熬、時有甜蜜，這些林林總總構成了我們的面貌與各自的生命。

我只盼望，當我們日後在回顧這過程中的種種時，能有一種明白；

在達到我們的理想之前，這一切都是一個積累的過程，那些衝突、失望、難過、擔心、幸福、快樂與煎熬，都曾是這積累的一部分。

最後，我想跟你分享我很喜歡的一位心理治療大師，科胡特（Kohut）曾說過的一句話：

不帶敵意的堅決，不含誘惑的深情。

意思是在面對孩子的情緒時，我們能夠溫柔展現自己的堅決，而不以敵意對待孩子；在面對孩子的關係時，我們能夠由衷傳遞自己的愛意，而不以愛之名去勒索孩子服從。

願我們在陪伴孩子共同成長的路上，細細琢磨。

家庭與生活 065

心理韌性

顛覆起跑點迷思，教出有耐挫力、熱情與目的感的孩子

作者／陳品皓
責任編輯／楊逸竹、陳子揚（特約）
文字校對／魏秋綢
封面設計／ Ancy Pi
內頁設計／連紫吟、曹任華
行銷企劃／蔡晨欣

心理韌性：顛覆起跑點迷思，教出有耐挫力、熱情與目的感的孩子 / 陳品皓著 -- 第一版 -- 臺北市：親子天下，2020.11
256 面；14.8×21 公分 --（家庭與生活；065）
ISBN 978-957-503-701-7（平裝）

1. 家庭教育　2. 親職教育　3. 兒童心理學

528.2　　109018547

天下雜誌群創辦人／殷允芃
董事長兼執行長／何琦瑜
媒體產品事業群
總經理／游玉雪
總監／李佩芬
版權主任／何晨瑋、黃微真

出版者／親子天下股份有限公司
地址／台北市 104 建國北路一段 96 號 4 樓
電話／（02）2509-2800　傳真／（02）2509-2462
網址／ www.parenting.com.tw
讀者服務專線／（02）2662-0332　週一～週五 09:00~17:30
讀者服務傳真／（02）2662-6048
客服信箱／ parenting@cw.com.tw

法律顧問／台英國際商務法律事務所・羅明通律師
製版印刷／中原造像股份有限公司
總經銷／大和圖書有限公司　電話／（02）8990-2588

出版日期／ 2020 年 11 月第一版第一次發行
　　　　　2022 年 9 月第一版第七次發行
定　價／ 360 元
書　號／ BKEEF065P
ISBN ／ 978-957-503-701-7（平裝）